チョコレートがなぜ一粒1000円で売れるのか

Why can chocolate sell for one thousand yen each?

林 總
Atsumu Hayashi

SOGO HOREI PUBLISHING CO., LTD

改訂にあたって

本書は2017年6月に総合法令出版より刊行した『会計は一粒のチョコレートの中に』を大幅に加筆修正したものです。2017年といえばアメリカではドナルド・トランプ政権が誕生し、日経平均株価は2万円の時代でした。

この年の『中小企業白書』には、「中小企業が継続して成長していくためには既存の事業にこだわらず、時代の変化に対応し、積極的に新市場の開拓や新たな事業の展開に取り組んでいくことが重要である」と、書かれていました。

こうした中で、新規事業について解説したのが本書でした。あれから7年経ち、改めて読み直すと、企業を持続させるには「積極的に新市場の開拓や新たな事業の展開に取り組んでいく」ことだけでは不十分で、その根底に流れる本質的な課題の記述が不十分であると気づきました。

今回、この抜け落ちていた部分をしっかりと書き込みました。改訂版は、私自身が積み重ねた7年間の成果の反映とも考えています。ぜひ、楽しんでお読みください。

2024年3月　林《はやし》 總《あつむ》

はじめに

先般テレビを見ていると、意外な話題が飛び込んできました。朝起きたら真っ先に歯磨きをすべきだ、というのです。

その内科医によれば、口の中は寝ている間に雑菌でいっぱいになるから起床後の歯磨きは風邪を含むさまざまな病気の予防になる、というものでした。番組を見る前まで、私は何の疑問もなく、虫歯の予防のために歯磨きは食後に行うもの、と思い込んでいました。

ここで気づいたのは「思い込み」の恐ろしさです。

私が専門としている会計の世界にも同じことがいえます。

その典型例が「利益」です。一般的に、経営の目的は利益を最大にすることであり、利益が多い会社ほど経営は充実していて、しかも将来性があると考えられています。

ところが、この考えは絶対ではありません。

たとえば、東芝の経営者は利益を増やすことを目的として原発事業に投資し、投資家の信頼をつなぎ止めるために利益の増大を至上命令としていました。結果として、利益が絶対だとする「思い込み」が招いた結末は惨憺《さんたん》たるものでした。

ピーター・ドラッカーは著書『未来企業』（ダイヤモンド社刊）でこう言っています。

「事実、流動性危機（※資金ショート）の方が、収益性危機（※赤字）よりも大きな被害を与えるのが普通である。収益性危機の場合、利益が最もあがっていない最も時代遅れの事業や製品を売り払うか、縮小することになる。これに対して流動性危機の場合、利益が最もあがっているか、最も期待できる部門を売り払うことになる」（※カッコ内筆者加筆）

つまり、東芝の経営陣は収益性危機を隠蔽《いんぺい》するのに忙しく、会社存亡の要である流動性危機の回避を怠ったわけです。もしかしたら、「利益さえ出ていれば自らは安泰だ」と考えたのかもしれません。いずれにせよ、「利益」に対する歪んだ思い込みが招いた悲劇といえるでしょう。

他にも「思い込み」の例はあります。

経理部の仕事です。私が駆け出しの公認会計士だった頃、ある上場企業の取締役経理部長が自嘲気味に「経理は会社の宿り木だ」と言っていたことを強烈に覚えています。以来、本当に経理は日影の身なのか考え続けました。本書はこの点も取り上げました。

その他、生産性、固定費、新規事業など、ビジネス上の「思い込み」の例は枚挙に暇《いとま》がありません。本書はこれらについても、会計の視点から私の考えを物語形式で書き下ろしたものです。チョコレート会社を舞台に繰り広げられるこのお話が、読者のみなさまが日頃のビジネスを考える上でのヒントとなれば幸いです。

林 總

はやし あつむ

目次

ブックデザイン　木村勉
本文DTP&図表制作　横内俊彦
校正　菅波さえ子

〔主な登場人物の紹介〕

南浩介《みなみこうすけ》（32歳）

アメリカの有名ビジネススクールで「ベイカー・スカラー」（最優秀生徒賞）を獲得。一流コンサルティング会社への就職が内定していたが、突然日本に帰国して日本製菓入社を決意する。

恵《めぐみ》ルリ（32歳）

ビジネススクールで浩介と「ベイカー・スカラー」を競った良きライバル。

御園沙友里《みそのさゆり》（30歳）

日本製菓の先代社長・御園泰三《みそのたいぞう》の娘であり、浩介の実妹。父の勧めで銀行出身のエリートである雅也と望まぬ結婚をするものの、夫婦関係の悪化と雅也のなりふり構わない経営手腕に心を痛める。日本製菓の大株主。

御園雅也《みそのまさや》（35歳）

御園家の入り婿として日本製菓の社長に就任。銀行出身でエリート臭が鼻につく。同じ銀行出身の三沢健次郎《みさわけんじろう》を右腕にして、経営難に陥っていた日本製菓のV字回復を実現する他、子会社である沙羅《さら》に日本製菓の赤字部門を押しつけることを画策する。

多胡章一《たこしょういち》（65歳）

浩介の大学時代の恩師。大学で管理会計を教えるかたわら、いくつかの企業の顧問を務め、会計の視点から経営改革を助言する。ワイン好き。

みゆき（40歳）

浩介と同じ多胡ゼミで会計を学んだ才媛《さいえん》。一流商社を辞めて六本木で小料理屋「みゆう」を営んでいる。

〈登場人物相関図〉

恵ルリ
ビジネススクールの同期
御園泰三
父、日本製菓先代社長
御園沙友里
異母妹、日本製菓大株主
南浩介
主人公、ベイカー・スカラーを獲得
多胡章一
大学の恩師
三沢健次郎
雅也の右腕、日本製菓財務担当取締役
御園雅也
沙友里の夫、日本製菓現社長
高橋信次
日本製菓製品倉庫責任者
みゆき
多胡の教え子、小料理屋「みゆう」経営

プロローグ

ニューヨーク・ラガーディア空港ラウンジ
半年前

「なぜなの？　浩介《こうすけ》」

恵《めぐみ》ルリが持つピノ・ノワールが入ったワイングラスが小刻みに震えた。

この2年間、二人は会うたびに将来の夢を語り続けた。

一流コンサルティング会社に就職し、世界の大企業を相手に、ビジネススクールの仲間たちがうらやむほどの報酬を手に入れる。住むのはニューヨークのアッパー・イーストだ。互いに励まし合い、他の誰よりも勉強に打ち込んだ。しかも、ライバルの南《みなみ》浩介が手にしたのは、世界で最も評価が高いビジネススクールの「ベイカー・スカラー」（最優秀生徒賞）という称号だ。これは、超一流のコンサルティング会社でも投資会社でも、どこにでも就職できるパスポートを手にしたということを意味する。だが、信じられないことに、浩介は日本の中小企業に就職すると言うのだ。それもたった1週間前に決めたという。

「あり得ない話だわ」

ルリはどうしても納得できなかった。

「僕がなぜマッキンゼーを蹴ったかってこと？」

「他に何があるというの。あなたの成績なら、マッキンゼーだけじゃない。ゴールドマン・サックスでも、アップルでも、グーグルだって入れるわ。なのに、日本製菓ですって？　バカバカしい。冗談もほどほどにしてよ」

ルリは開いた口が塞がらない。

「あなたはいつも言っていたじゃない。年功序列で、ムダなサービス残業を強いられ、能力のない上司から理不尽な嫌がらせを受けても何も言えない。そんな日本企業なんてこちらから願い下げだって」

浩介は冷えた水が入ったグラスを口に近づけた。

「そのつもりだったよ。突然妹から手紙が来るまではね」

「ちょっと待って」

ルリは耳を疑った。浩介は母子家庭の一人っ子だったはずだ。

「いま、妹さんって言ったわよね?」

「異母兄妹でね。僕は私生児というわけさ」

ルリは息を呑んだ。

「もっとも、彼女とは幼いときの思い出しかないんだけど」

「そうだったんだ。それで手紙には何て書いてあったの?」

「主人のことで相談に乗ってくれって。どうも夫婦間でトラブルが起きているらしい」

変な話だ、とルリは思った。長年会っていない妹のために日本に帰る?

あり得ない話だ。

「彼女の夫は入り婿でね。親父は会社の跡取りが欲しかったんだ」

婿養子を取るくらいだから、浩介は父親とは疎遠だったに違いない、とルリは思った。

とはいえ、幼い頃の記憶しかない妹のために、なぜせっかく手にしたバラ色の将来を捨てて日本に帰るのか。断ればいいだけの話ではないか。それに、浩介が自分を犠牲にしてまでも人助けをするほどのお人好しではないことをルリはわかっていた。他に理由があるはずだ。

「日本製菓って、お父様が興こした会社なの？」

ルリが聞くと浩介は首を左右に振った。

「オヤジは養子でね。家つきの義母に頭が上がらなかったらしい」

「お父様はお元気なの？」

「がんを患っていたらしい。1年半ほど前に社長を婿養子に譲って、半年で息を引き取ったそうだ」

どうやら浩介は父親のことを詳しく知らなかったようだ。

「お父様とは連絡を取っていなかったのね」

浩介は黙ったまま何も答えなかった。

「ごめん、愚問だったわね。一つ教えて欲しいんだけど、日本製菓というちっぽけな会社になぜ就職するの？　まさか妹さんに頼まれて、ご主人を会社から追い出すつもりじゃないわよね」

ルリは冗談か皮肉のつもりだった。だが、浩介は「そうなるかもしれないな」と真面目に答えた。

妹からの手紙には、父親が亡くなったという知らせと、夫の態度が急変したことが書かれていた。日本製菓に貢献した従業員を遠ざけて、周りには自分に都合のいい部下だけを集めている。最後に、この頃自宅に帰らなくなったとも書かれていた。その文面から、妹が決して愚痴を書いているのではない、と浩介は感じた。妹は日本製菓という会社の行く末が心配なのだ。

浩介の話から、彼の妹が大変な事態に巻き込まれていることは理解できた。だが、それなら一時帰国で十分ではないか。

「正直に答えて欲しい。なぜ、日本製菓に入りたいの？」

浩介は重い口を開いて、こう答えた。

「懐かしいんだよ。あの会社、あの人たちがね」

「おセンチね。浩介らしくない」

ルリは突き放すように言った。

「オヤジの遺言で妹は日本製菓の発行株式の67％を相続したから、法律的には亭主をいつでも解任できる立場にある。だが、解任したら会社がどうなるかわからないと言っていた」

「つまり、妹さんのご主人は経営者としての能力がないってことかしら」

ルリは多分そうだろうと思いながら聞いた。

「というか、彼の性格に不安があるようだ。それと、コンサルタントがいて、経営に口出ししていると書かれていた」

「なるほど、わかったわ。あなたの妹さんは日本製菓がダメになっていくのを見ていられない。でも、自分で経営する力もない。だから、あなたに日本製菓の取締役になって欲しい、と頼んできたのね。そんな話、断ればいいじゃない。何のキャリアにもならないわ」

何という図々しい妹なのだろうと、ルリは思った。

とはいえ、最優秀生徒に選ばれた浩介だ。何の造作もなく日本製菓の問題を解決するに違いない。

「1年でカタをつける」

浩介は断言した。

「そのあとはどうするの」

「長居はしないよ」

「つまり、コンサルタントになるってこと?」

ルリの問いに、浩介は笑みを浮かべた。

「当然さ。経営は妹に任せて、もう一度マッキンゼーに挑戦する」

第1章
「1円」で社長になる

定時株主総会

日本製菓の定時株主総会は、中小企業には贅沢《ぜいたく》過ぎる都内の高級ホテルで行われた。社長の御園雅也《みそのまさや》は仕立てのいいスーツを颯爽《さっそう》と着こなし、一人で会場の入り口で来客を出迎えた。といっても、株主のほとんどは役員と従業員で、その数はせいぜい20名ほどだ。他の100名は取引銀行、得意先、仕入先、そして従業員の家族だった。

このような豪華な場所で株主総会を開いたのには理由があった。長い間低迷を続けていた業績が黒字に転換したからだ。それは、雅也にとって自分の功績を多くの人に知ってもらう絶好のチャンスなのだ。

雅也は胸を張り、満面に笑みをたたえ、一人ひとりと堅く握手を交わした。

「なかなかのやり手だ」

そんな会話があちこちでささやかれた。日本製菓に入社して3年の間、やれ婿養子だ、経営者の器じゃない、と陰口を叩かれた。そんな罵詈雑言《ばりぞうごん》に耐えながら、赤字会社を見事に蘇らせたのだ。従業員たちの雅也を見る目が変わったのは言うまでもない。彼らは手のひらを返すように雅也を褒めちぎった。

その一方、会場の隅の席に座り、雅也を冷静に見つめている女性がいた。妻の御《み》園沙友里《そのさゆり》だ。地味な服装と控えめな物腰から、ホテルの従業員の誰も、この女性を日本製菓のオーナーとは気づかなかった。

本当に会社の業績が好転したのなら何も言うことはない。だが、沙友里は疑っていた。その理由は、V字回復したというのに、銀行からの借金はむしろ増え続けているからだ。この1年間で、沙友里が親から相続した土地と家の多くは銀行の担保に取られてしまった。そして2カ月前、銀行の融資担当者がわざわざ沙友里の自宅までやって来て、こう言った。

「ご主人から融資のお申し込みがあったのですが、日本製菓には担保もございません。とはいえ、ご主人の保証だけでは融資部の承認が下りません。当行といたしましては、奥様の連帯保証をぜひお願いしたいのですが……」

銀行の意図は容易に見当がついた。日本製菓も御園家も一体として見なしているのだ。

だが、役員でもない沙友里に連帯保証をする義務はない。沙友里は、父親が信頼していた日本製菓品質検査部長の高橋信次《たかはししんじ》に相談した。

「連帯保証は絶対にダメです」

高橋は開口一番こう答えた。その理由は明快だった。V字回復したとはいえ、資金繰りはむしろ悪化している。膨大な借金を抱えた日本製菓が債務不履行になれば、連帯保証人である沙友里が真っ先に借金弁済の矢面に立たされる。だからやめておきなさい、というのだ。

ここ数年で増加した借入金のほとんどは、チョコレート工場の増築と原宿直営店の開店に使われたものだ。どちらも、先代社長の御園泰三《みそのたいぞう》が独断で決めた投資だった。だが、その成果は未だ現れていない。日本製菓の資金が不足している主な原因は、父親が行ったこの投資によるものだと雅也から聞かされるたびに、沙友里の気持ちは暗澹《あんたん》たるものとなった。

銀行借入の連帯保証をしなければ、早晩この会社は潰れてしまうだろう。とはいえ、ここで判を押して資金をつないだとしても、赤字のチョコレート部門が残っている限り、日本製菓の将来は暗いままだ。

(一体、どうしたらいいの……)

そう思ったとき、沙友里の脳裏に浮かんだのは、異母兄の浩介だった。

父親が浩介を認知しなかったことを思うと、頼める筋合いでないことはわかっていた。なのに、沙友里が浩介に頼ろうと決意したきっかけは、たまたま書店で手に取った週刊誌に浩介の顔写真が載っていたからだ。

「南浩介さん　米国有名ビジネススクールで最優秀生徒賞を受賞」

それは紛れもなく沙友里の兄、浩介だった。沙友里はなぜか誇らしい気持ちになった。

急いで帰宅して手紙をしたためると、浩介の通うビジネススクール宛に送った。

浩介登場

身内だけの退屈な株主総会は、味気のない雅也の司会によってマニュアル通り進んだ。ほとんどの参加者たちは睡魔に耐えながら株主総会が終わるのを待った。

「では、最後の議案に移ります。御園沙友里さんを新たな取締役として選任することに対して、ご異議ありますか」

せっかく自分の天下になったというのに、妻が取締役になるのは気分のいいものではない。

とはいえ、沙友里は大株主だ。ここは妻の我儘《わがまま》を飲んで取締役にさせたとして、何ができるというのだ。雅也は苛立《いらだ》ちを覚えながらも、妻の意向を受け入れざるを得ない自分を納得させた。

ところが、である。その沙友里の口から、驚くべき言葉が飛び出した。

「私の代わりに南浩介さんを取締役に推薦します」
沙友里の声は緊張のせいか小刻みに震えていた。
(どういうことなんだ……)
まさか、沙友里がこのような行動に出るとは思ってもいなかった。
(おとなしくしていると思ったら、こんなことを考えていたのか)
雅也は歯ぎしりした。

遡《さかのぼ》ること1年前、雅也は社長就任と同時に古参の高橋信次を取締役経理部長から外し、品質検査部長として製品倉庫の責任者に追いやった。代わりに銀行時代の先輩に当たる三沢健次郎《みさわけんじろう》を取締役に迎えた。こうして雅也を中心とした体制が整うと、社内に意見する者はほとんどいなくなった。

三沢は住三銀行の行員だった頃、〝**利益の魔術師**〟と呼ばれていた。的確な経営指導を行い、どんな赤字会社でも黒字会社に蘇らせるプロフェッショナルとして、名声は銀行中に鳴り響いていた。その三沢が銀行を辞めたと聞いて、雅也は直接三沢に連絡を取り取締役として招き入れたのだった。

三沢は猛烈に働いた。深夜まで役員室に篭《こも》ることも珍しくはなかった。そして1年後、雅也の期待通り、赤字続きだった日本製菓は見事に黒字に転換した。

もしも沙友里の提案通り南浩介が取締役に就任すれば、懐刀の三沢はこれまで通りの実力を発揮できなくなるだろう。

(面倒なことをして!)

雅也は不快でならなかった。今回の定時株主総会は、社長の雅也のお祝いの場となるはずだった。ここは拒否する他はない。


雅也は咄嗟《とっさ》にいい口実を思いついた。

「履歴書も見ずに取締役にするわけにはいきません」

会場に緊張が走った。沙友里は大株主とはいえ、形だけの飾り物に過ぎない。実質的に会社を支配しているのは社長の雅也だ。確かに雅也のエリート意識は鼻につく。だが、現実に赤字の日本製菓を黒字にした経営手腕を認めないわけにはいかない。ここは経営のことなど何もわからないお嬢さんが出る幕ではない。なのに、そのお嬢さんが自分に都合のいい取締役を送り込もうとしている。出席者の誰もがこう思っていた。

だが、沙友里の行動に、密かに喝采《かっさい》を送った人物がいた。それは高橋信次だった。高橋は商業高校を卒業してからずっと日本製菓の経理担当として先代社長の泰三に仕えてきた。この会社を雅也のいいようにされるのが我慢ならなかった。そうした中で、沙友里は堂々とこう言い放った。

「たったいま、南さんの取締役就任決議は可決したと思いますが」

それは、高橋が見たことのない毅然《きぜん》とした沙友里だった。

取締役の選任決議は、議決権の過半数を有する株主が出席し、議決権の過半数の賛成があれば採決される。つまり、日本製菓の株式の67%を所有する沙友里の意思は絶対なのだ。

「知っていますよ。そんなこと」

雅也が捨て台詞を吐いたそのときだった。入り口のドアが開き、濃紺のスーツを着こなした青年が姿を見せた。そして、議長席の雅也に丁寧にお辞儀をすると、ゆっくりと口を開いた。

「南浩介と申します。取締役の就任を承諾いたします」

その手際の良さに、雅也が地団駄を踏んだのは言うまでもない。

「まっ、待って……」

と言ったものの、どうすることもできない。これで万事休すか、と思ったそのとき、三沢が咄嗟に議長席に駆け寄り、雅也に耳打ちした。三沢はなぜか落ち着いていた。その余裕の表情が沙友里を不安にさせる。


(あの男の子……)

突然現れた浩介を見て、高橋に20年前の思い出が蘇った。

目元に先代社長の泰三の面影がある。そうか、昔日本製菓によく遊びに来ていたあの男の子に違いない。そして、母親は泰三と噂のあった日本製菓の事務員だ。

(そういうことだったのか)

高橋は納得した。

沙友里は腹違いの兄に助けを求めたのだ。


会場は異様な空気に包まれた。雅也は震える手でハンディマイクを引き寄せた。

「1時間ほど休憩を取りたいと思います」

雅也の額から大粒の汗が吹き出していた。そのあと、開始予定の時刻が過ぎても株主総会が再開される気配はなかった。沙友里は心配そうに浩介に話しかけた。

「どうしたんでしょう？」

「心配することはないと思いますよ。彼らはどうすることもできないのだから」

結局、雅也が姿を見せたのは2時間後の午後3時だった。どういうわけか、雅也の表情は妙に晴れ晴れとしていて、自信すらうかがえた。

議長席に腰をかけると、雅也は沙友里と浩介に向かってこう言い放った。

「私どもは、会社のために働いてくださる方であれば大歓迎です。もちろん、喜んで南浩介さんを取締役としてお迎えしたいと思います。拒む理由はございません」

それが雅也の本音ではないことは明らかだ。何を企んでいるのだろう。

浩介は脳細胞をフル回転させた。株主総会が中断された2時間の間に、三沢は妙案を考えついたのだろう。そして、あの自信に満ちた笑顔は、雅也にとって十分満足できるものであるに違いない。

浩介は固唾《かたず》を飲んで、雅也の言葉を待った。すると雅也は意外な行動に出た。

株主総会の閉会のあと、場所を本社に移して取締役会を開催すると伝えたのだ。

さらに、取締役から降格させたはずの高橋にこう伝えた。

「あなたも特別に参加してください。お願いしたいことがあります」

日本製菓取締役会

本社は東京駅丸の内側に建つオフィスビルにあった。

浩介が案内されたのは、中小企業には似つかわしくない豪華な作りの社長室だった。以前の大田区蒲田にあった本社には社長室はなく、先代社長の机は従業員と同じ大部屋に置かれていた。従業員たちに緊張感を持たせられるから、というのが泰三の考えだった。同時にこのことが、社長と従業員の距離を縮めることにもつながっていた。ところが、雅也が社長に就任すると、すぐに本社を丸の内に移し、書類倉庫を取り払って豪華な社長室に作り変えたのだ。

広々とした部屋には、マホガニーの社長机と10人は余裕で座れる会議用テーブルが置かれ、豪華な書棚には洋書とマネジメント関係の本がぎっしりと並べられていた。浩介は指定された革張りの椅子に腰を下ろした。

「それでは、臨時取締役会を開催します。本日の目的は、**事業譲渡**とそれに伴う人事です」

雅也はおもむろに口を開いた。

(事業譲渡?)

浩介は嫌な予感を覚えた。しかも、取締役ではない高橋も出席している。何を企んでいるのだろう。想定していなかった展開に浩介は身構えた。

雅也が合図をすると、部屋の照明が消えて、スクリーンに文字が映し出された。

そこにはこう書かれていた。

議題
1　子会社沙羅の再生
2　チョコレート部門のリストラ

雅也が説明を始めた。

「南さん、高橋さん。実は我が社は深刻な課題を抱えているんです。その一つが喫茶店事業を展開している子会社の沙羅《さら》です。なにぶん改装もせずに使い続けている店ですので客も少なく、赤字を出しながらなんとかやっている状態です。もう一つがチョコレート部門です。こちらは高橋さんもご承知のように、先代社長の肝煎《きもい》りで投資したのですが、深刻な赤字が続いています」

高橋はじっと我慢して雅也の話を聞き続けた。

スクリーンの画面が変わった。そこには「V字回復」の文字が映し出された。

「私が社長に就任して1年。念願の黒字化を達成しましたが、ここに挙げた2つの課題を解決しない限り、本格的に回復したとは言えません」

ここで雅也はコップの水を一口飲んだ。

「あえて申し上げますが、どちらも先代社長の〝置き土産〟です。知人から頼まれて時代遅れの喫茶店チェーンを買い取って始めたのが沙羅です。チョコレート菓子は日本製菓の主力製品ですが、分不相応ともいえる設備投資を行ない、人手をかけ過ぎました。しかも、品揃えといえば、若者が見向きもしない平凡なものばかりです。私は社長に就任する以前から、この部門をどうにかしようと頑張ったのですが、なかなか成果を上げることができなかった。不徳のいたすところです」

雅也はコップの水をごくごくと飲み干した。

「日本製菓が黒字になったのは、他部門の利益が増えてチョコレート部門の損失を埋めることができたからです。そこで、我が社の今後の安定的成長のために、私は断腸《だんちょう》の思いでチョコレート部門を日本製菓から切り離すことを決断しました」

「切り離したチョコレート部門をどうするつもりですか」

浩介が質問すると、雅也は待ってましたとばかりに答えた。

「すべてを、子会社の沙羅に事業譲渡するんですよ」

どうにか生きながらえている沙羅に、赤字のチョコレート部門を押しつけるというのだ。そうすれば、日本製菓の業績は改善するが、沙羅の経営は間違いなく立ち行かなくなる。

「ちょっと待ってください。チョコレート部門が赤字だからといって、無理に切り離す必要はあるのですか」

そうする前にやるべきことがあるのではないか。浩介はそう思った。

「その選択肢はありませんね」

雅也の代わりに答えたのは、財務担当取締役の三沢だった。

「日本製菓にとってチョコレート部門そのものの存在が邪魔なんです」

理由はこうだった。チョコレート部門は3年前までは手作業でチョコレートを作っていた。ところが、泰三が生産工程を機械化し、原宿への出店を進めたことで、日本製菓の経営がおかしくなったというのだ。

「先代も赤字続きで焦ったと思いますよ。言いたくはありませんが、そのあと始末を、社長と私が行っているのです」

「大株主の沙友里さんは同意したのですか」

事業譲渡とはいえ、チョコレート部門は日本製菓の重要な事業の一部だ。**株主総会の特別決議**が必要ではないのか。浩介はこのことを雅也に質《ただ》した。

すると、三沢が薄笑いを浮かべてこう答えた。

「チョコレート部門は売上こそ多いですが、資産簿価は総資産の15%程度に過ぎません。つまり、株主総会の承認は不要なんです」

と言って、その根拠の説明を始めた。

会社分割の手法を取れば、チョコレート事業に関する財産・権利義務を一括移転（包括承継）できる。だが、株主総会の特別決議が条件となっているから大株主の

日本製菓から沙羅への事業譲渡

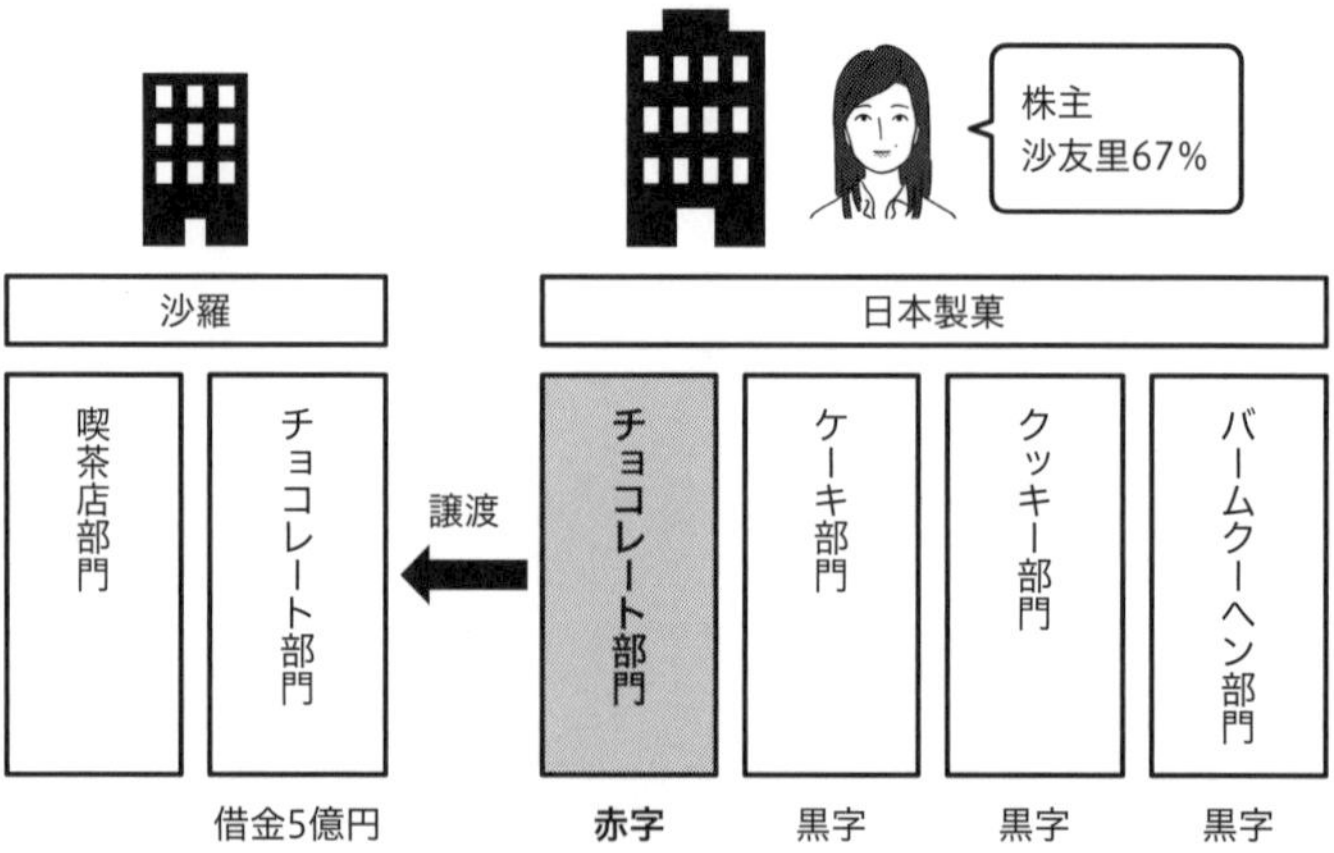

沙友里の承認が不可欠だ。一方の事業譲渡は、事業に関する財産・権利義務を個別移転することになる。売掛金の移転には債権譲渡の手続きが、そして買掛金や借入金の移転には仕入先や銀行の承諾が必要なのだ。その上さらに、個別に従業員の同意を得なくてはならない。面倒ではあるが、取締役会の決議で譲渡できるというメリットがある。三沢はあえて事業譲渡の方法を取ったのだった。

高橋の口元がピクピクと震えた。浩介はそんな高橋の気持ちを代弁するかのように雅也に質問した。

「この事業譲渡が法律上有効として、チョコレート事業を切り離して沙羅に移せば、日本製菓の経営は楽になるでしょう。その上、チョコレート設備に使った借金も移せば、日本製菓の経営はさらに楽になる。でも、沙羅の側から見れば最悪です。誰が好き好んで沙羅の社長を引き受けるとお思いでしょうか」

するとと雅也はカン高い声で笑った。

「そこをあなた方お二人にお願いしたいんですよ。社長は南さん、それから専務は高橋さんです。これは業務命令ですよ。正式な辞令は明日発令します」

晴天の霹靂《へきれき》だった。

「ちょ、ちょっと待ってください」

浩介は慌てた。取締役に就任したその当日に赤字会社の社長になれというのだ。

「南さん。あなたがこの会社の取締役になったのは、家内に頼まれたからですよね。彼女は日本製菓を良くしたい一心で、あなたを取締役にしたのですよね。わかってます？　この辞令を受けるのは筋だと思いますけどね」

浩介は株主総会が2時間あまり中断したわけをはっきりと理解できた。雅也と三沢が必死になって考えた罠がこれだったのだ。

こうして、チョコレート事業に関する従業員の他、埼玉工場と製品在庫、仕入材料の未払代金、設備投資の借入金のすべてを、個別に日本製菓から沙羅に譲渡することが決まった。

「借金だけでも日本製菓に残せませんか」

と浩介が聞いた。

「工場の建設資金の借入ですよ。チョコレートが稼いだ利益で返済すべきではありませんか。そんなことくらい、簡単にわかると思いますけどね」

三沢は相手を威嚇するかのように語気を強めた。

だが、浩介は食い下がった。

「いや、少なくともこれまで通り日本製菓が債務保証するのが筋だと思います」

「債務保証ね。うちの会社もお金が足りないんですよ。それに、沙羅が倒産した場合、共倒れだけは避けたいですからね」

赤字事業を押しつけた挙句《あげく》、保証による共倒れは避けたいというのだ。

「仮に沙羅が立ち直れば、今度は沙羅から私たちを追い出そうとする魂胆でしょう」

高橋は吐き捨てるように言った。

「誤解ですよ。私はね、お互い別会社で頑張りましょう、と言っているんです。もちろん、沙羅が立ち直ればそれはお二人の功績です。あなた方が稼いだ利益までいただこうとは思っていませんよ」

「どういう意味ですか？」

浩介は雅也の意図を計りかねた。

「沙羅の株式すべてを沙友里に譲りたいんです。むろん彼女にもプライドがあるでしょうから、タダは失礼だ。そうですね、1円でどうでしょうか」

明らかに見下した物言いだった。初めから負け戦は明らかだ。できることならばこの話を終わりにしたい。だが、それでは沙友里に顔向けができない。何かいい方法はないものか、浩介は必死に考えた。

「めちゃくちゃだ。私は日本製菓を辞めさせていただく」

声を荒げたのは高橋だった。

入社以来、泰三社長と二人三脚で日本製菓を育ててきたとの自負がある。いくつもの修羅場を乗り越えてきた。これまでの経験からいって、明日をも知れぬ沙羅の経営を引き受けるのは自殺行為だ。それこそ命が幾《いく》つあっても足りない。

「なるほど。敵前逃亡というわけですか。別に驚きはしませんよ、あなたはその程度の人ですからね。それで浩介さん、あなたはどうですか。まさか家内を裏切るつもりじゃないでしょうね」

雅也は薄笑いを浮かべた。

「1日だけ考えさせてください」と答えるのが精一杯だった。

いきなり浩介は崖っぷちに追い詰められたのだ。

小料理屋「みゆう」

六本木交差点を溜池《ためいけ》方面に10分ほど歩いた角を右に曲がってすぐの所に、その店はあった。外からはそれが小料理屋だとはわからない。もちろん暖簾《のれん》はかかっていない。浩介は恐る恐る引き戸を少しだけ開けた。中はこぢんまりとした和食の店で、分厚いヒノキの一枚板でできたカウンターの向こう側に、和服姿の女性がテキパキと料理を作っていた。その女性は浩介と視線が合うなり、料理の腕を止めて声をかけた。

「いらっしゃいませ。南さんですね」

女性はカウンターで食事をしている初老の男にささやいた。

「先生。お待ちの方がいらっしゃいました」

その男は丸く太った体を窮屈そうに捻《ひね》った。

「やぁ浩介。久しぶり」

老人の声は弾んでいた。

「多胡《たこ》先生。ご無沙汰しています」

浩介は深々と頭を下げた。

「まあ飲みなさい」

多胡章一《しょういち》はリーデルのグラスに白ワインを多めに注いだ。

「君に紹介しておこう。こちらが女将のみゆきさんだ。彼女もボクのゼミの教え子でね」

みゆきは料理の手を止め、品良く会釈した。

多胡は突然ワイングラスを右手に持って立ち上がった。そして、浩介に向かって声を上げた。

「浩介の帰国を祝って乾杯！」

大学のゼミ旅行で酒を飲み交わした記憶が蘇った。合宿の宴会はいつも多胡の乾杯で始まった。当時は、安いウィスキーやビールだったが、今日は違った。浩介はアメリカでテーブルワインばかり飲んでいたから、いま口にしたワインが別格であることはすぐにわかった。ほのかな甘い蜜の香りのする薄黄色のワインだった。多胡はワイングラスに鼻を近づけ、少し間を置いて口に含んだ。

「これはだね……」

どうやら、ワインのブラインドテストをするつもりらしい。

「わかったぞ。品種はシャルドネ、産地はブルゴーニュ。銘柄はモンラッシュ・グランクリュ。みゆきさん、違うかな」

「さすが先生。正解です」

「さて、こんなに高いワインを注文した覚えはないんだが」

多胡が戸惑っていると、みゆきは「私のおごりです。浩介さんの帰国祝いですもの」と言って笑みを浮かべた。言うまでもなく、モンラッシュは白ワインのロマネ・コンティともいわれる最高級品だ。

「聞きましたよ。アメリカのビジネススクールを最優秀で修了されたんですってね」

浩介はビジネススクールのこと、そして、希望していたコンサルティング会社への就職を取りやめて日本に帰ってきたことを話した。

「確か、君は父親の会社は継がないと言ってたはずだが」

こんなことまで多胡が覚えていてくれたことを知って、浩介は無性に嬉しくなった。

「いまでも継ぐつもりはありません」

「どういうことなんだ」

多胡は手に持ったワイングラスを置いた。

「妹が困っているのに見て見ぬ振りはできない、と思ったんです」

多胡は呆《あき》れた表情を浮かべた。

「それで、あのコンサルティング会社を蹴った。私には理解できない話だ」

「先生、誤解なさらないでください。いまでも中小企業で一生を終えるつもりはありません。あの規模の会社なら1年もあればなんとかなる。ささっと済ませてアメリカに戻ればいい。そう思ったのが甘かった……」

浩介の顔が一瞬曇った。

「何かあったのかね」

浩介は日本製菓の取締役に就任した途端、妹の夫が仕掛けた罠にはまってしまったことを正直に話した。

「それでどうするんだね」

「できることなら、妹を助けたいと思っています。でも、どう考えても沙羅の業績を回復させて、借金を完済することなどできません」

「その沙羅というのが、君が不覚にも社長になってしまった会社だね」

「そうです」

浩介は肩を落とした。

すると、多胡は浩介の肩をポンと叩いて、こう言った。

「意気揚々と帰国したものの、すぐに白旗を上げたわけだ。情けない」

「諦《あきら》めたわけではありません。ただ、その方法が見つからないのです。先生のお知恵をお借りできないかと思って」

すると、多胡はニコッと微笑んだ。

「面白いじゃないか。解決できない問題など、この世の中に存在しない」

と言うと、多胡はモンラッシュをもう一口飲み込んだ。

「ご教示願えるのですね」

浩介は飛び上がらんばかりに喜んだ。すると、多胡は「条件がある」と言って、こう続けた。

「まず第一に、アドバイスはタダではない。金額をいまは言わないが、私のフィーは君が想像している以上に高い。第二に、アドバイスしたことは全力でやり抜く。それでいいかね」

「もちろんです」

浩介は元気よく答えた。浩介は報酬金額がどのくらいか見当もつかなかった。だが、どれだけ高くても、やり遂げるしかない。


しばらくして、多胡は話を始めた。

「実はね。先週のことだが、君のことをみゆきさんに話したんだ。あの伝説の南浩介が、この店にやってくるとね。そしたら、このモンラッシュを買ってきたんだ。泣かせるじゃないか」

どうやら浩介は大学の多胡ゼミでヒーローになっているらしい。そして、先輩のみゆきが大枚《たいまい》をはたいてワインを贈ってくれた。

「そうだったんですか。ありがとうございます」

浩介は素直に嬉しかった。

するると、多胡が白ワインを指差して言った。

「これは『三銃士』を書いたデュマに『ひざまずいて飲むべし』と言わしめた高価なワインだ。そんなワインを買ってくれたみゆきさんの気持ちを裏切ってはいけない」

すると、みゆきが口を開いた。

「どんなに有名なコンサルティング会社に入るよりも、貴重な経験になると思います。多胡先生がついているのだから大丈夫です。私も応援しますから」

「差し詰め三銃士結成といったところだな」

そう言って、多胡はワイングラスを持ち上げた。

解説

「事業譲渡」と「株主総会議案の修正動議」

この章では、「事業譲渡」と「株主総会議案の修正動議」という2つの重要な論点が登場します。これらについて簡単に解説します。

◇事業譲渡

事業譲渡とは、株式会社が事業を取引行為（特定承継）として他に譲渡することです。最高裁判所の解釈によれば、事業譲渡は、（1）一定の事業目的のために組織化され、有機的一体として機能する財産が譲渡され、（2）これにより譲渡会社がそれまで当該財産によって営んでいた営業的活動が譲受人に承継され、（3）譲渡会社がその譲渡の限度に応じて法律上当然に競業避止義務を負うもの、とされています。

日本製菓はそれまで営んでいた有機的一体となったチョコレート事業のすべてを沙羅に譲り渡したわけですから事業譲渡に該当します。

この場合、取締役会設置会社である日本製菓では、取締役会決議（会社法362条4項1）、そして、株主総会の特別決議が必要となります（会社法467条1項1・2、同309条項2⑪）。ただし、事業の重要な一部の譲渡で、その譲渡する資産の簿価が譲渡会社の総資産の額の5分の1を超えないとき（定款《ていかん》で厳格化可）は、株主総会の承認は不要と定められています（会社法467条1項2）。チョコレート事業は売上こそ大きいものの、資産総額は日本製菓資産全体の15％に過ぎないため、特別決議は不要と判断されたわけです。

◇株主総会議案の修正動議

株主提案権の行使による議題の提案は、株主総会の日の8週間前までにしなければばならず、議題は株主総会の招集の通知に記載されます。取締役会設置会社の場合は、予め議題として掲げておかないと決議できません（会社法309条5項）。日本製菓は、株主総会において沙友里の取締役選任が議題とされていました。

ここでの問題は、取締役候補の沙友里が自分の代わりに浩介を候補者とする修正動議（入れ替え動議）を行ったことです。この場合、選任予定者は1名で員数は変わらないため、修正の提案は許されると判断して、雅也も三沢もこの動議を受け入れたのでした。

第2章
会社の真の目的は顧客を創造すること

半月後、沙羅の本社

新生沙羅がスタートしてから、瞬《また》く間に半月が経った。八重洲口にある沙羅の本社では引っ越しやら書類の整理やらの雑用に追われていた。

その間、浩介の気持ちは晴れることがなかった。日本製菓はチョコレート事業の売掛金、工場建物、機械装置、買掛金、借入金、そして従業員のすべてを沙羅に譲渡した。つまり、日本製菓は業績の足を引っ張っていたチョコレート部門の工場、従業員、そして借入金を体よく沙羅に押しつけたのだ。この結果、喫茶店だけを細々と経営していた沙羅は、一気に大所帯となった。

しかも、日本製菓が保有する沙羅の株式を以前約束した1円で沙友里に引き取らせた。とはいえ1円であっても沙友里の負担は甚大《じんだい》だった。なぜなら銀行借入金が日本製菓から沙羅に移ったことで、銀行はオーナーの沙友里に対して借入金の連帯保証と日本製菓株式の担保差し入れを要求したからだ。沙友里は何の抵抗もせずに連帯保証契約書に署名した。沙羅が破産すれば、沙友里は無一文になる。沙友里はそこまで覚悟を決めていた。

沙羅は本社を東京駅の八重洲口改札から徒歩で10分ほどの場所にある古い雑居ビルに構えた。周りはサラリーマン向けの居酒屋がひしめいている。2階は共同役員室と会議室、3階は経理と営業の相部屋で、どちらも50平米ほどだ。沙羅は、他に埼玉県浦和市にチョコレート工場、原宿にチョコレートの直営店、そして上野、池袋、新橋、神田では昭和の雰囲気が漂う古めかしい喫茶店を運営している。

従業員たちは日本製菓からいわば泥舟の沙羅に移ったのにもかかわらず、誰も切羽詰まった様子もなく、普段通り忙しく働いていた。彼らは自分たちが誰に雇われていようが、瀕死の状態なのかどうかには関心がない。給料が振り込まれさえすればいいのだ。

とはいえ、その間も赤字がじわじわと沙羅の財務を蝕《むしば》んでいた。赤字は傷口からの出血のようなものだ。出血が止まらなければ体力がなくなり、体温も血圧も脈拍も低下する。

以前は、沙羅の資金が払底《ふってい》すると、銀行に頼まなくとも、親会社の日本製菓が融通していた。だが、日本製菓と切り離された現在、沙羅は自力で難局を突破する他はない。何はさておき、独自に運転資金を調達して、会社の命をつながなければならない。

浩介は最初に会社の実態を知ろうと、決算資料の分析に取りかかった。

案の定、チョコレート部門は赤字続きであり、銀行から5億円もの借金をして設備投資をしていた。過剰な生産能力を抱えた埼玉工場、ここで生産するチョコレートのうち板チョコ、そしてトリュフは、特別売上高が少なかった。加えて固定費がかかる原宿の直営店、そして客が入らない4つの喫茶店が沙羅の赤字幅を広げていた。

浩介はこのビジネスモデルを続ける限り沙羅の明日はない、と思った。目指すべき事業の形はどうあるべきなのか。浩介は寝る間もなく考え続けた。

浩介の悩み

成果を出すためには、メンバー全員が同じ価値観を持って、同じ目標を目指す必要がある。

浩介は会議室のホワイトボードに大きな字で「**管理とは、目標の設定と統制**」と書いた。大学でも、ビジネススクールでも耳にタコができるほど聞かされたフレーズだ。目標は、理念、ビジョン、事業計画、予算、標準原価などその範囲は広い。ところが、いまの沙羅にははっきりした目標がない。さらにその前提として、目標は素早く達成して意味がある。浩介はホワイトボードに「**俊敏な経営**」と書いた。

会社にとって最も大切な経営資源は時間だ。賢く、素早く意思決定して行動に移し、成果を出す。このサイクルを高速で回すことが「**俊敏性**」だ。

浩介はさっそく「再生プロジェクト」を立ち上げ、4人のプロジェクトメンバーを選んだ。

最古参は、浩介と一緒に日本製菓から移った専務の高橋信次。彼は経理の専門家だけでなく製菓業に詳しい。しかも日本製菓の裏も表も熟知している。だが、懸念材料もあった。それは何かにつけ慎重になり過ぎる点だ。経理マンには少なからずこの傾向がある。なぜなら、経理の仕事はほとんどが前期との継続性と首尾一貫が要求されるからだ。前期と同じ資料を正確かつ素早く作成することが経理担当者に求められる能力なのだ。

また、高橋は新しいことに挑戦するのも慎重過ぎた。未だにパソコンを使おうとせず、電卓とファックスで済ませている。スマホさえ持とうとしない。アメリカのビジネススクールで情報技術を駆使した会計システムを学んだ浩介には、こうした高橋の頑固さは理解の範疇《はんちゅう》を超えていた。会計はスピードが命だ。昔ながらの経理の価値観をなくさない限り、俊敏な経営の参謀にはなれない。

そこで、高橋のアシスタントとして丸井《まるい》圭子《けいこ》をつけることにした。大学を出たあとに専門学校で簿記とパソコンを学んだ努力家に、浩介は期待を寄せた。

3人目は、経理の宮本清花《みやもとさやか》だ。日本製菓に入社して6年目。経済学部の学生だった頃は公認会計士試験に挑戦し続けた。短答式試験に合格しただけあって会計には詳しい。最終の論文試験に3回失敗した時点で諦めて日本製菓に入社した。

そんな清花の専門知識を活かすために、浩介はあえてマーケティング部の責任者を任せることにした。試験に合格しなかったとはいえ、学生時代の勉強は決してムダではない。それどころか、普通の学卒者とは比較にならない知識の積み重ねがある。経理部に留まらず、あらゆる部門責任者には、その活動を会計数値に置き換えるスキルが欠かせない。「会計」という武器を身につけた清花はプロジェクトメンバーに打ってつけだと浩介は考えた。

そして4人目は、商品企画の半田良一《はんだりょういち》だ。半田は日本製菓ではチョコレート部門の企画開発責任者だった。その類《たぐ》い稀《まれ》な嗅覚と味覚で、どんなカカオでも、たちどころに生産地を当ててしまうのだ。従業員たちは尊敬の念を込めて半田を〝神の味覚を持つパティシエ〟と呼んだ。

この半田に浩介はイノベーションの推進を要求した。職人肌の人は、とかく質を優先してコストは二の次と考える傾向にある。どんなに高級品でも、手が出ないほど高ければ売れない。良い商品をよりリーズナブルな価格で提供するには、企画開発、そして製造段階でのイノベーションは避けて通れない。だが浩介が見たところ、半田は職人気質が抜け切れていない。

浩介を含めて、5人が狭い相部屋で机を並べて仕事に取り組んでいる。

「清花さん、昨日の売上はどうでしたか」

浩介は仕事部屋に入るなり清花に聞いた。

「目標に対して80%程でしたが、なんとか赤字は回避しました」

「その結果にあなたは満足していますか、不満ですか」

浩介の問いに、清花は「満足はしていません。でも、なんとか黒字だったことは褒めていいと思います」と答えた。

「沙羅に一刻の猶予もありません。売上目標が達成できなかったことは深刻に受け止めなくてはいけません」

浩介は売上高の目標達成が大前提だと考えている。理由はこうだ。ビジネススクールの授業で、教授に「売上と利益とどちらが大切か」と聞かれたことがあった。浩介は利益だと答えた。理由は言うまでもなかった。売上高がいくら大きくても、赤字では会社は長く続かないからだ。ところが教授は「それは違う」と即座に否定した。その理由はこうだった。

「顧客から振り込まれる売上代金がなければ、会社は生存すらできない。だから一**番大切なのは売上なのだ**。その証拠に、損益計算書は売上高から始まっている」

大切なことは、**まずは売上を増やし、次に利益が出るように企画、製造、販売、管理のムダなコストを削る**ことなのだ。

あのときの自分と眼前《がんぜん》の清花は同じ考えだった。

「大切なのは売上です。なぜ目標売上を達成できなかったのですか」

浩介の問いに清花の答えはこうだった。

「原宿の直営店は客入りが少なくて、トリュフは半分近く売れ残ってしまいました。板チョコと詰め合わせチョコは相変わらず量販店からのリベート要求が強く、返品率も10%を超えています。それから喫茶店の売上は前月並みでした」

と、清花は小声で答えた。

「いい分析です。あなたがすぐにでも手掛けるべきことがすべて盛り込まれている」

「どういうことですか?」

清花は浩介の言いたいことが理解できなかった。

「すぐになすべきことがはっきりしたからです。つまり、どうすれば直営店の客を増やせるか、トリュフの味や価格付けに問題はないか、板チョコと詰め合わせチョコのリベートや返品が多いのはなぜか。これらを徹底的に調べ上げて行動に移せばいい。これでマーケティングの課題はすべて解決するからです」


次に浩介は経理の高橋に質問した。

「いまある資金で、会社はいつまで持ちこたえられるでしょうか?」

言うまでもなく、資金の流れが途絶えた瞬間に会社は倒産する。言い換えれば、資金が回り続けることが会社存続の条件なのだ。

「長くて2カ月くらいです。入金が遅延しそうな得意先が1社ありまして、そこからの入金が遅れたらもっと早く資金がショートします」

ショートとは、預金残高が足りないため、振り出した小切手の引き落としができなくなることだ。この状態を「**不渡り**」というが、6カ月以内に二度目の不渡りを出した瞬間、銀行取引は停止し、会社は実質的に倒産となる。

ところが、浩介は意外なことを口にした。

「思っていたよりも余裕がありますね」

Xデーが刻一刻と近づいているというのに、浩介は不渡りの恐ろしさを実感できていないようだ。

「2回目の不渡りまであと2カ月ですよ、社長はどうするおつもりですか」

「そう言われても困ります。何をするか、まだ考えていないんですから」

「資金が途切れたら沙羅は倒産です。しっかりしてください」

高橋は気が気でなかった。

「大丈夫。なんとかなりますよ。それより高橋さん、これからはお互いに社長とか専務と呼ぶのはやめにしませんか」

会社組織はハイアラキーではない、と浩介は思っている。指揮命令系統は重要だし、上位の管理者は責任と権限を持って職務を遂行することは大切だ。だが、それは誰が偉いのかを表しているのではなく、単に役割を表しているに過ぎない。会社に属する全員がそれぞれに割り振られた専門的な仕事を行い、目標を達成することこそが重要なのだ。たとえていえば、サッカーのチームプレーだ。ディフェンス、ボランチ、トップ下、フォワードと役割が違うが、誰が一番偉いわけではない。それぞれが主役であり、目まぐるしく変わる状況を判断してプレーする。ディフェンスでさえも果敢にゴールを狙う。役職のランクを表す社長とか専務といった用語で呼ぶのはやめにすべきだ。そう浩介は願っている。

「じゃあ、何と呼べばいいのでしょうか？」

「お互い名前で呼び合うことにしたいのです」

「つまり、社長はやめて、南さんと呼ぶのですか？」

高橋は怪訝そうな表情を浮かべた。

「そうです。浩介さんでも構いません」

「社長を名前で呼ぶなんて私にはできません」

浩介は同じ質問を半田にした。

「ボクは堅苦しいことが嫌いだから〝さん付け〟は賛成です」

「ありがとう。では清花さんは？」

「私も半田さんと同じです」

浩介は再び高橋に聞いた。

「ダメですね。従業員の士気に関わる問題ですから」

高橋は頑なに拒んだ。昭和年生まれの高橋は、会社のトップである社長に対して、〝さん付け〟で呼ぶことは不謹慎だと思っているようだ。

（少し時間を置こう）

浩介は話題を変えることにした。

人生で最も大切なこと

「ところで、もう一つ、みなさんの忌憚《きたん》のない意見を聞かせてください。仕事をする上で一番大切なことは何だと思いますか」

「プライドと信頼関係です」

真っ先に答えたのは半田良一だった。

「日本製菓では信頼関係は築けましたか」

「とんでもない。雅也社長のせいで人生が狂いましたよ」

半田は吐き捨てるように言った。理由はこうだ。以前、原宿の高級菓子店でパティシエとして働いていたとき、その店の常連だった雅也から「君にすべてを任せる。客が感動するチョコレート菓子を作ってくれ」と懇願されて、日本製菓で働くことにした。だが、入社してしばらく経つと雅也の態度は豹変《ひょうへん》した。「高価で美味しいチョコレートは誰でも作れる。君には安くて美味しいチョコレートを開発してもらいたい」と手のひらを返されたのだ。

「何度も辞めようと思いましたよ」

半田は唇を噛んだ。

「でもその頃、上の子どもが小学校に入ったばかりで、家内から『いまは我慢して』って言われたんです。正直、我慢の限界でした。ボクにとって大切なのは、プライドが持てる仕事と信頼できる人間関係なんです」

年の頃は自分と同じくらいだろう。その若さで信頼とプライドと言い放つ半田に、浩介はますます好感を抱いた。

突然、高橋が吐き捨てるように言った。

「手のひら返しはあの男の常套《じょうとう》手段だよ。私たちはプライドを持って仕事をしている。なのに、神経を逆なでするようなことを平気でやるんだ」

言い足りないのか、高橋は続けた。

「以前はこんな会社じゃなかった。あの男が沙友里さんと結婚してからおかしくなったんだ」

「疫病神ですよね。沙友里さんはなぜあんな男と一緒になったのかしらね」

清花もついつい本根を口にした。

浩介は、いまが沙友里の決意をメンバーに伝える好機だと思った。

「このプロジェクトを始める前に、沙友里さんのことをもっと知って欲しいんです」

「あのお嬢様のことをですか？」

半田の言《い》い様《ざま》にはトゲが感じられた。

「そうです。沙友里さんはすべてを投げ打って、我々を応援してくれていることをわかっていただきたいのです」

「応援ですか。あの人が何を応援するというのですか。沙羅がどうなろうとも、あの人は痛くも痒《かゆ》くもないのに」

半田は一気に捲《まく》し立てた。

沙友里はオーナー家の一人娘だ。だから働かなくても贅沢な生活が保障されている、と従業員たちは思い込んでいる。だが、光には必ず影がある。沙友里の場合も同じだ。それを従業員たちは誰も知らない。

「誤解を解くために言っておきたいことがあります。沙友里さんは、沙羅が銀行から借入ている5億円の連帯保証をしてくれました。日本製菓の全株式も借入の担保に差し入れました。これから進めようとしている改革がもし失敗したら、我々は別の会社に移れば済むことです。でも、あの人は財産のすべてを失ってしまう」

「それって本当ですか？」

清花の表情が大きく変わった。

「嘘ではありません。契約書を見せてもらいました」

債務超過状態の沙羅には利益以外に返済資金はない。仮に倒産すれば5億円すべてを沙友里が弁済することになる。

「沙羅が潰れたら日本製菓も潰れるのですか？」

半田はまだ疑っている。

「日本製菓と沙羅は別会社ですからすぐには潰れないと思います」

「だったら、沙羅が潰れても沙友里さんは日本製菓の大株主のままですよね」

浩介は大きく頭を左右に振った。

「先ほども言いましたが、沙友里さんは沙羅の借金の担保として自宅と日本製菓の株式を提供しているんです。沙羅が倒産したら、銀行は日本製菓の株式をすべて差し押さえるはずです」

沙羅が倒産すれば、その時点で沙友里は無一文になってしまうのだ。

「そんな無謀なことをするなんて、信じられません」

清花もまだ納得しない。すると高橋が重い口を開いた。

「実は、私も沙友里さんから借金の連帯保証について相談されたことがあってね。署名しなければ一生食べていける。でも、署名して沙羅が潰れたらすべて失うことになる。だから連帯保証だけはおやめなさい、と助言したんだ。でも、先代社長の娘としてそんなことはできない、と言っていた」

重苦しい沈黙が部屋を覆った。

しばらくして半田が立ち上がり、鬱陶《うっとう》しさを振り払うかのようにこう言い放った。

「ボクたちの本気を見せつけてやりましょう」

「そうね。沙友里さんとも協力して戦いましょうよ」

清花は小さな拳を握り締めた。

最後に声を上げたのは高橋だった。

「浩介さん。さっきの件ですが、〝さん付け〟でいいんじゃないですか」

作戦会議

4人はこれからの方針をまとめるため会議室に集結した。やる気は芽生えたものの、さて行動となると、4人はバラバラの主張を始めた。理念が曖昧《あいまい》なのだ。そこで浩介は新生沙羅が誕生した経緯《いきさつ》の理解を共有することから始めることにした。

「みなさん。日本製菓の雅也社長と三沢専務が、チョコレート部門を切り離して沙羅と統合した理由は何だと思いますか」

清花の答えはこうだった。

「チョコレート部門が日本製菓全体の足を引っ張っていたからだと思います。切り離せば日本製菓の業績は向上しますから」

数年前、埼玉工場にチョコレートラインを増設し、原宿に店舗を開店した。しかしながらどちらも思惑通りの結果を出せないまま赤字を垂れ流していた。だが、日本製菓の業績は前期に急変した。

「お荷物と思われていたチョコレート部門が黒字化したんです」

その理由を日本製菓で経理担当だった清花がこう明かした。

「運良くチョコレートの大口注文が舞い込んでからだと三沢専務から聞きました」

埼玉工場は能力の限界まで生産を増やした。ところが、工場で勤務していた半田は不可解な表情を浮かべたのだ。

「でも変なんです。確かに生産量は増えたけど、売上高は目に見えて増えてはいないんです」

しかも、製品倉庫には生産したチョコレートで溢れ返っているというのだ。

「雅也社長と三沢専務がV字回復だと声高に叫んでも、ボクは信じられない」

半田は語気を強めた。

ともあれ、チョコレート部門が黒字になったことで、日本製菓はV字回復を果たした。その翌期、降って湧いたのが今回のチョコレート部門の子会社沙羅への事業譲渡だった。

「そういうことだったんですね」

清花は単に日本製菓から転籍したのではなく、陰謀に巻き込まれたことを理解したのだった。そう思うと、不可解な点がよりはっきり見えてきた。そんな清花たちに浩介は立て続けに疑問を投げかけた。

「よく考えてください。過剰な設備投資で赤字を続けたチョコレートの製造工程が、突然フル稼働となったのに売上高は増えていない。しかし、決算は黒字になった。さらに、その翌期にチョコレート部門を事業譲渡したんですよ。変だとは思いませんか」

半田は他にも不思議に思ったことがあった。それは雅也と三沢の信じられない能力の高さだ。

「あの人たちは現場に来たこともないのに、チョコレート部門の赤字幅が減少するとか、会社全体として利益が出るとか、しかも、利益がいくらになるかまでズバリ当てているんです。いったい、どうやったらわかるんだろうね」

半田は首を傾《かし》げた

雅也も三沢も本社に居座るだけで工場に来たこともない。なのに、会社の業績の予測をピタリと当てたのだ。

「あの人は確かにすごいコンサルタントなのかもしれませんね」

高橋は三沢の実力を認めたかのような言葉を口にした。

すると、清花があることを思い出してこういった。

「確か部門別の利益表がどこかにあるはずなんですが」

三沢が日本製菓に在籍していたとき、管理資料としてチョコレート、バームクーヘン、ケーキ、クッキーの各部門別に売上高と費用を集計して損益を管理していたというのだ。

「清花さん、その部門別の利益って、信用できるの？」

浩介は疑っていた。

「さあ。信用していいかと聞かれても……」

清花は答えようがなかった。

会計の数値にはどうしても主観が入りがちだ。たとえば、役員の給与や経理部などの本社費用を一般管理費として各部門に配賦《はいふ》するのだが、何を基準にするかで部門の利益は大きく変わる。しかも本社費の配賦基準は経営者である雅也と三沢が決めている。

「三沢専務に言われるままに作成していましたから」

作成方法の正しさまではわからない、と清花は答えた。

「確かに絶対的に正しい会計数値というものはありません。**本社費の配賦基準を変えれば、部門の利益も変わります**。しかも、配賦基準にも主観が入っている。難しい話ですが、沙羅を再生するには、チョコレート部門が本当に赤字なのか、あるいは黒字なのかをはっきりさせる必要がありますね」

浩介は会計数値に主観が入り込んだとしても、納得できることが重要だと考えていた。

すると、「参考までに」と断って、高橋がこんな話をした。

「日本製菓はずっと無借金経営でした。驚いたのは、沙友里さんから連帯保証すべきか相談されたときです。僅《わず》かな期間に、運転資金が膨らんで借金体質の会社になってしまいました」

次に、浩介は清花に「三沢さんの下で経理の仕事をしていて、気になったことはありましたか？」と聞いた。

清花は記憶を辿《たど》り、ある事実に行き着いた。

「さっきも話題となったことですが、突然、板チョコレートのラインがフル稼働になって、完成品在庫が倉庫から溢れてしまったことがありました。それで、急遽営業倉庫を借りたんです。保管料も急に増えて大変でした」

浩介はきな臭さを感じ取った。半田も続けてあのとき感じたことを口にした。

「うちの主力商品は熟成チョコレートですから比較的日持ちするんです。多少在庫が多くても問題はないのですが、あのときはさすがに廃棄しました」

「わかった、それだ！」

浩介は思わず膝を叩いた。

「何がわかったのですか」

「銀行出身の三沢専務が着任した翌年に、赤字の日本製菓が黒字になった理由です。資金繰りが大きく悪化したのも説明できます」

「製品在庫と、関係があるのですか」

清花は不思議そうに首を傾けた。

「そうです。三沢さんが取締役になって1年足らずで黒字になったんですよ。普通ではあり得ないことです」

と言って浩介は立ち上がると、黒のマーカーを手に取り、大きな字でホワイトボードに〝利益の魔術師〟と書いた。

「これは、三沢さんが仕掛けたマジックだったんです」

浩介はホワイトボードにポイントをすらすらと書いた。

1　赤字会社が黒字になった
2　大口の受注があったというのに、製品在庫は減るどころか逆に増えた
3　会社の資金繰りが悪化して借金が増えた

「日本製菓で起こったこれらのことは、すべてつながっていたんです」

浩介は「たとえば」と言って、ホワイトボードに「製品の変動費1個100円、工場の固定費1万円」と書き足した。

「この工場で製品を100個作る場合と1000個作る場合、それぞれの製品原価はいくらになりますか。清花さん」

「生産量が増えれば製品1個あたりの固定費は減りますから100個なら200円、

1000個なら110円です」

ものの1分もかからなかった。

「そうですよね。材料費などの変動費は生産数を増やしても一個あたりのコストは100円です。でも、製品1個あたりの固定費は生産量100個なら200円、1000個なら110円と生産量が増えるほど減少します。つまり、**生産量を増やすほど製品原価は低くなり、会社の利益は増える**ことになります」

なるほどと清花は思った。固定費は生産量とは関係なく1万円だ。生産量を増やせば一つひとつの製品の負担する固定費が小分けされて少なくなるということだ。

「清花さん、こんな方法って認められるんですか？」

と聞いたのは、高橋のアシスタントの丸井だった。

清花は、「会計基準違反ではないから認められると思います」と答えた。

「でも、製品を増産するだけで利益が増えるとしたら、何か変な気がするな」

半田の疑問は本質を突いていた。浩介の答えはこうだった。

「会計としては正しいんだけど、資金繰りは極端に悪くなります」

三沢は資金繰りを犠牲にして、利益を多く見せかけたのだ。

「積み上がった製品が売れれば経営上も会計上も問題はありません。でも、うちの製品は消費期限が来れば捨てなくてはならない。そんなことまでして、あの二人は利益を出したかったんですね。本末転倒です」

清花は顔を赤らめて吐き捨てた。

「僕も同感です。雅也さんも三沢さんも経営の目的は利益の最大化であり、利益を増やせば自分たちは評価されると信じていたのでしょうね。この思い込みが間違っていたのだと私は思います」

浩介は利益を追うことが必ずしも会社のためにはならないと考えていた。

「確かにそうですね、生産量を増やすだけで利益が増えるんだから。でもその結果、資金繰りが悪化して会社の命取りになることだってある。行うべき機械の修理や、給料を減らせば利益は増える。こんなのは経営じゃあないよね。とすると会社の目的をどのように考えたらいいのだろう？」

それまで黙っていた高橋が首を傾げた。

会社の真の目的とは？

「利益の最大化」が目的ではないとすると、本当の目的は何なのか。

「みなさん、どう思いますか」

浩介の問いかけに、最初に口を開いたのは半田だった。

「うちの会社なら、一度食べたら病みつきになるようなチョコレートをお客様に提供することかな」

病みつきになればどんどん売れて会社も儲かる。

「その目的は理解できるわ」

マーケティング担当の清花が相槌《あいづち》を打ち、こう続けた。

「半田君が言うような病みつきになる商品を企画して、多くのファンを作ることが私の仕事かな。それから、男性がついつい買いたくなるようなチョコレートも必要だわ。たとえば、ブランデーの味を引き立てるビターなチョコレートとか」

清花は目を輝かせてアイデアを話し続けた。浩介はそんな清花の話を聞きながら、遠からず彼女の思いはヒット商品として具体化するに違いないと思った。だが、その商品をどこで売るかだ。原宿の店は言うまでもないが、みんなからお荷物のように思われている古い喫茶店で提供するのはどうだろうか。4軒の店は、このままではいずれ閉店に追い込まれるだろう。コーヒーの専門店ではなく、何か別の食べ物と抱き合わせた店にすべきではないかと。

「清花さんのいうビターチョコレートだけでなく、コーヒーとカカオの実から作ったトリュフをセットにするとか、コーヒーとパンケーキが食べられる店なんか面白いと思いませんか」

浩介はビジネススクールに通っていた頃、ハワイ出身の友人から「ワイキキのエッグスン・シングスというパンケーキは最高だ」という話を何度も聞かされたことがある。

「名古屋に行ったときに入った喫茶店は、のんびり時間を過ごせる昔ながらのお店だった。それが最近、株式公開したそうじゃないか。沙羅の喫茶店も捨てたものじゃないね」と高橋が言った。

「リラックスできる雰囲気でパンケーキやトリュフをコーヒーと一緒に楽しむお店ですか。いいかもしれませんね」

清花のイメージは、どんどん膨らんでいった。

沙羅が目指すべき方向がはっきりと見えてきた。

それは、顧客が満足する商品を提供するだけでなく、口コミで顧客が増え続ける店だ。むろん簡単ではない。商品を企画し販売の仕掛けを作るマーケティング部門と商品を自社の製品に落とし込む開発部門、高品質でリーズナブルなチョコレートを作る製造部門、実際に製品を顧客に届ける営業部門の歯車が噛み合って初めて実現するのだ。つまり、半田と清花がどれだけ力を合わせられるかにかかっていると言っていい。

「顧客を奪い取るではなく、**顧客を創造する**ことです」と浩介が言った。

「顧客を創造するのですか？」

清花は奪い取って増やすと、創造して増やすとの違いがいまいちわからなかった。

「いままでチョコレートに見向きもしなかった層を新たな顧客にすることです」

「どういうことですか？」

半田が聞き返した。

「アップルの創業者スティーブ・ジョブズはiPhoneを発明して、携帯電話とはまったく縁のなかったアフリカ、インド、北極圏の人たちを顧客にしました。つまり新たな顧客を創り出すんです」

と、浩介は答えた。

「私たちにできるかしら」

清花は自信なさげに呟《つぶ》やいた。

「目指す目標はずっと彼方にある。簡単ではないけど、着実に一歩一歩進むしかないんだ。でも、強い意志があればかならず達成できる」

浩介は一息ついてこう続けた。

「沙羅には最初にすべきことがあります」

浩介は力を込めて訴えた。会社全体にこびりついたムダを削《そ》ぎ落として身軽にするのだ。周りを見渡せばさまざまなムダがある。作り過ぎた製品在庫、ほとんど稼働していない生産ライン、薄汚れた喫茶店。こうした現実は、これまでやるべきことをしてこなかったことの証《あか》しに他ならない。

続いて清花が躊躇《ちゅうちょ》しながら付け加えた。

「従業員も多過ぎます」

沙羅の費用で一番大きい費用は人件費だ。誰もが感じていることなのに、誰も「リストラ」という重い課題を積極的に取り上げようとはしなかった。

沈黙を破ったのは、最年長の高橋だった。

「私の経験ですが、細かな費用を削るのも、大きな費用を削るのも、その大変さはほとんど同じなんですよ。会社に貢献していない従業員は確かに多い。この際、腹を括《くく》って従業員の数を半分にしませんか」

高橋の冷めた意見に真っ向から反対したのは半田だった。

「仲間を切り捨てるのですか。高橋さんは自分たちだけが生き残ればいいと思っている。そりゃあ、あんまりです」

「そうだろうか。私は現実的な話をしているんだ」

高橋は声を荒げた。そして鬼気迫る表情でこう続けた。

「利益が出ていないということは、従業員が価値を生み出す仕事をしていないことの証しなんだよ。沙羅を儲かる会社にしたければ、行動で示して欲しい。給料欲しさに沙羅にしがみついているのなら、そんな人は去るべきだ。いまが彼らにとって人生を見つめ直す絶好の機会だと思うがね」

だが、半田は納得しなかった。

「先代社長はどんなときでもリストラをしなかったと聞いています。高橋さんはどう思いますか」

「あの人は危機を先送りしてたんだ。日本製菓は赤字どころか、債務超過かもしれない。もし毅然とした姿勢でリストラを進めていれば、いまのような惨めなことにはならなかった。そういうことだ」

高橋は言い終わると唇を噛み締めた。泰三社長を説得できなかったことをいまでも後悔しているようだった。

「私は高橋さんに賛成です。このままでは早晩優秀な人たちはいなくなって、残るのは、やる気のない人ばかりになるでしょうね」

この清花の一言が半田を動かした。

「四《し》の五《ご》の言わずにやるしかない、ということですかね」

「みなさんの気持ちはよくわかりました。ただちにリストラに取りかかりましょう」

浩介は力のある声で締め括った。


「話は変わるけど」

浩介は経理の存在意義について疑問を投げた。

「高橋さん。会社の目的を達成するために、経理はどうあるべきだと思いますか」

ベテラン経理マンの本音を聞きたいのだ。

「金庫番ですよ」

それは100円単位の支出までもきっちりと目を通すということなのか。浩介はいささか心配になった。

「具体的には、予算を達成させること、ムダな支出をさせないことですかね」

つまり経理とはお金の使い方の見張り番と高橋は思っているのだ。

浩介は高橋の考えに物足りなさを感じた。

解説

債務超過

「債務超過」とは、貸借対照上の負債の総額が資産の総額を超える状態を指します。表現を変えれば、保有する資産をすべて売却して現金に換えても、負債を返済し切れない状態のこととされています。

しかしながら、会計上の負債と法律上の債務とはイコールではありません。資産を処分してもそのまま同額の現金になるわけではありません。また、負債の中には法律上の債務以外も含まれています。したがって、正確には「負債超過」と言うべきですが、一般に「債務超過」と呼ばれています。ちなみに、東芝の2017年3月期の債務超過は5529億円でした。

一方、「赤字」は収益よりも費用が大きい状態（収益＜費用）のことです。

赤字はその会計期間における不採算がもたらした結果ですから、素早く手を打て

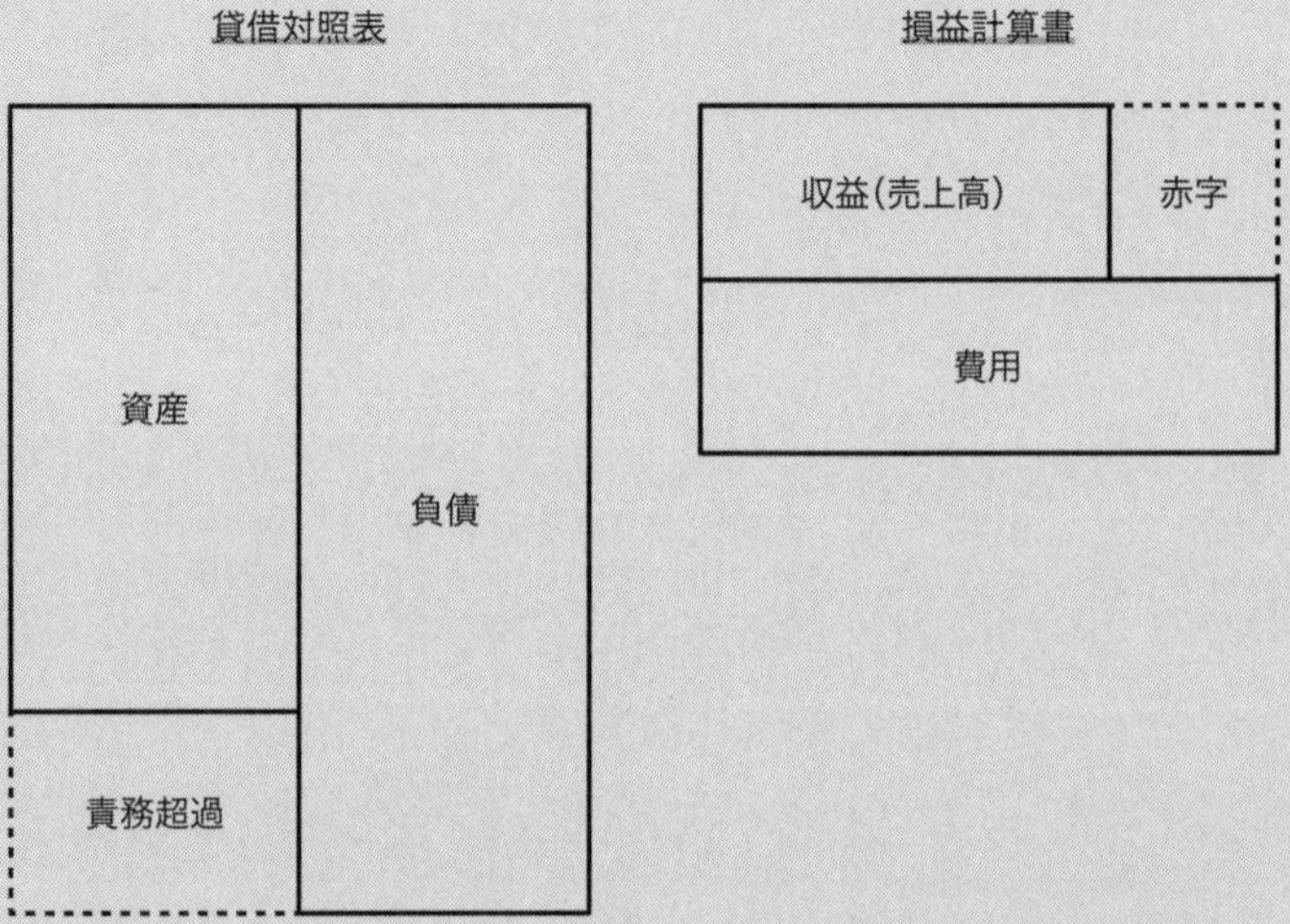

ば黒字（収益＞費用）に修正することは可能です。ところが、いったん債務超過に陥った会社を立て直すのは容易ではありません。なぜなら、債務超過は怠慢経営による膨大な借金がもたらした状態だからです。

たとえると、慢性病が悪化して入院を余儀なくされた状態といえます。具体的な処置は、リストラを断行して贅肉を落とす、金融機関等に借入金を免除してもらう、新たに株式を発行して株主から資金を受け入れる、商売を積極的に進めて利益を増やす、などが考えられます。

第3章
知識を「価値」に昇華せよ

日本製菓役員室

雅也は込み上げてくる笑いを必死に噛み殺した。

3月に、お荷物のチョコレート部門を切り離したことで、確実に業績が改善すると思っていた。それどころか、三沢専務から手渡された4月の月次決算書の数字は雅也の想像を遙《はる》かに超えていた。

「これは正しいんでしょうね」

「そうですよ。魔法が効いているのですよ」

三沢はニヤリと笑った。確かにこの利益は魔法以外の何ものでもない。

「1億円の黒字ですか」

「そうです。なぜ利益が出たのか、その理由をお教えしましょうか」

その一言が雅也の神経を逆《さか》なでした。

「言っていただかなくてもわかっていますよ。たくさん生産すれば製品1個あたりの固定費は薄まり利益は増える。そういうことでしょう。私は大学で会計学を勉強しましたから」

三沢はそんな雅也の空威張《からいば》りを見抜いていた。雅也は銀行の後輩だ。銀行マンとしてお世辞にも優秀とは言えなかった。ついつい得意先が気を悪くすることを口にしてしまう。責任感もなければ、努力家でもない。だがプライドだけは人一倍高かった。

知らないことは素直に聞けばよいのに、相変わらず見栄を張ろうとしているのだ。

（なんて浅はかな男なんだ）

三沢は心の中で雅也を軽蔑した。その程度の仕掛けなら誰にでも見抜ける。だが、俺は違う。伊達に〝利益の魔術師〟と呼ばれているのではない。

「会計のテキストにはそう書いてあります。でも、考えてみてください。そもそもチョコレート事業の規模は我が社の36%程度です。この部門で生じる1カ月分の固定費もたいした額ではありません。生産数を増やしたところで売上原価はせいぜい2000~3000万円減るだけです。この程度ではV字回復を演出することはできません」

現実には1億円近い利益となっている。確かに三沢が言う通りだ。

「じゃあ、架空の製品在庫を計上したのですか。もしそうなら粉飾決算じゃあないですか」

「まあまあ、そう先走りしないでください」

三沢は雅也をなだめた。

「おっしゃる通り、架空の在庫なら、明らかな粉飾です。でも、私は粉飾の請負人じゃありません。これだけは言っておきます」

三沢が言う粉飾とは、現物在庫がないのにあるかのように見せかけて帳簿の在庫金額を膨らませることだ。

「じゃあ、どうやったのですか?」

やはり後ろめたいのだろう、三沢は小さな声で答えた。

「すべての製造部門の固定費をチョコレートの製品在庫だけに配賦したんです」

「そんなことをしたら公認会計士が黙っていないはずです」

「決算月で操作すればね。それで昨年8月の固定費を全額8月末の製品在庫に配賦したんです。心配しないでください。うちの会社は任意監査ですから何とでもなりますよ」

そういう手を使ったのか、と雅也は思った。8月の固定費は全部門で2億円だ。これを売上原価ではなく製品在庫に直接負担させれば、利益は2億円跳ね上がる。これならどう見てもV字回復だ。そんな得意満面の三沢を見て、ますます見下されていると雅也は思った。そして、再び見栄を張った。

「同じことですよ。その方法は費用の先送りですから、翌年度の利益が2億円減ってしまう。そんなことで利益の魔術師と言えるのですか?」

三沢のはらわたが煮え繰り返った。

「会計を少しかじっただけの人はそう考える。でも私は〝魔術師〟ですからね。翌期の利益にはまったく影響させないんです」

「次の期の期末在庫を2億円以上水増しすればいいんじゃありませんか」

雅也はむきになった。

だが、三沢は首を左右に振った。

「そんなことを繰り返せば、製品在庫の金額は無限に増加してしまいます」

そして、何か言おうとする雅也を遮ってこう続けた。

「私の説明を聞いてから反論してください。今回の事業分割をしたことで、水ぶくれした製品在庫はすべて沙羅が引き継いだんです。だから、日本製菓の売上原価が自動的に増えるということはないんです」

（そういうことだったのか）

三沢は巧妙な手口を使ったのだ。だが、雅也はそんな感情をおくびにも見せず言い放った。

「あなたは経理担当の最高責任者ですからね。この調子で頑張ってください」

沙羅の課題

新生沙羅の再生プロジェクトがスタートし、従業員数を削って身軽になろうと決めたまでは良かった。だが、いざ始めようとした途端、作業が進まなくなった。日本製菓から分離したときのチョコレート部門の売上高は20億円、当期純損失2億4000万円、総資産7億円、銀行借入金5億円、従業員数100人だった。カタログには数え切れないほどの商品が載っているものの、これといった目玉がない。工場にはオーストリア製の最新のチョコレート製造ラインが2台も設置されているのに、注文が少ないため、稼働時間はせいぜい1日2~3時間だ。

ここはすべてをリセットして、チョコレート部門を根本から見直さないことには埒《らち》が明《あ》かない。とはいえ、白いキャンバスに絵を描くように新規に事業をデザインしたくても、解決すべき課題はあまりに多い。

第1に、新たに事業を始めるには資金がかかる。第2に、沙羅が所有する資産は用途が限られているし、有能な人材も少ない。第3に、日本製菓から引き継いだ既存の事業の何が儲かっているか見えていない。そして第4に、高橋の存在だ。投資に対して必要以上に神経を尖《とが》らすため、目ぼしいアイデアはことごとく否定されてしまう。

たとえば、清花が喫茶店をスイーツの店に模様替えしたらどうかと提案した。すると高橋は「理想はわかるが競争相手が多過ぎる。失敗は目に見えている」と全否定なのだ。半田が絶対の自信を持って提案した高級チョコレートを、高橋は「誰がこれを買うのかね」と取り合おうとしない。

浩介は経理部門の存在意義について考え続けているが、未だに答えは出ない。また、清花と半田が高橋に反発する気持ちは理解している。とはいえ、昔からの経理はしばしばビーンカウンター（豆を数える人）と呼ばれるように、数を数えるだけで新しいものは何一つ生み出さない存在であることは否定できない。だが、経理はそういう部門であり、会社が存続するためには金庫番が必要であることも確かだ。

しかし、経理の仕事は金庫番だけでいいのではない。決算書を作り、資金繰りをするだけでは、お金を使うだけのコストセンターだと言われても反論のしようがないではないか。もっと積極的に会社に貢献してもらわなくてはならない。つまり、会社に対して価値をもたらしてもらわなくてはならないのだ。とはいえ、浩介にはこの堅物の高橋に何を期待すればいいのか明確になっていない。

高橋の価値観を抜本的に変え、清花と半田のやる気をさらに引き出すことができたら……。結論が出ないまま時間だけが過ぎた。

小料理屋「みゆう」

六本木交差点にはいつものように、鍛え上げられた筋肉をこれ見よがしに誇示した外国人の警備員が立っていた。浩介はその男たちを横目にいつもの小料理屋「みゆう」を目指した。

ヒノキの香りが漂う引き戸を開けると、空のワイングラスを手にした多胡が振り向きざまに「浩介」と声をかけた。そして、待ち構えていたかのように、ワイングラスに赤ワインを注ぎ、慣れた手つきでグラスを回し、鼻に近づけた。甘い花の香りが嗅覚をやさしく刺激した。

「みゆきさん、これはピノ・ノワールだね。生産地はアメリカではない」

アメリカなどのニューワールドとフランスのピノでは甘みの質が違う、と多胡はいつもの蘊蓄《うんちく》を傾けた。みゆきは多胡の問いかけに答えず、「浩介さんもどうぞ」と言ってもう一つのグラスにワインを注いだ。浩介は赤い液体を体に流し込んだ。バラの香りが口の中を覆った。アルコールが身体中を巡り、それまでの疲れが浩介の体からすっと消えて行くのがわかった。

「どこから手をつけたらいいんでしょうか」

と、浩介は弱音を吐いた。そして、従業員の半数を減らす決断をしたつもりだったものの、まだ迷いがあると正直に伝えた。

「学校で学んだ知識は、実務では何の役にも立ちません」

人を減らせば原価は減る。しかし、利益が増えるかは自信がない。学校では、従業員を選別する方法を教えてくれなかった。定年間近の人から辞めてもらうのが先か、あるいは人生をやり直すことのできる若者が先なのか。

多胡はピーナッツをボリボリと音を立てて食べながら、浩介の話に耳を傾けた。

そして、食べるのをやめると、おもむろに言った。

「君は〝**知識**〟の重要性がわかっていないようだね」

「物事について知っているということ、ではないのでしょうか」

と答えたものの、多胡の不満そうな表情から察すると正解ではなさそうだ。

「日本の学校では知識が多いほど優秀だと評価される。知識の多さは記憶力と相関関係があるから、記憶力が良い学生ほど頭がいいことになる。だが、知っているだけでは何の役にもならない。単なる物知りに過ぎない」

物知りと頭の良さは別物だ、と多胡は言うのだ。

「知識を頭に詰め込んだだけでは何の役にも立たない」

それは莫大なデータをインプットしただけの大型コンピュータに過ぎない。

「なぜ役に立たないのでしょうか」

浩介の問いに、多胡はこう答えた。

「知識を使って**『何をなすか』**を考えていないからだよ」

多胡はニコッと微笑んで話を続けた。

「会社の組織は機能、つまり仕事別に分かれており、そこで働くサラリーマンたちは、専門の知識を使って働いている。君の会社の社員の知識レベルは高そうだが、バラバラに動いているのでは何の役にも立たない。そこで必要になるのは、経営者としての君の役目だ。従業員が持つ専門知識を有効に引き出して成果をもたらすように仕向けるのだ。言うまでもないことだが、いかなる知識もすぐに陳腐化するから、日々の努力を怠ってはならない。最優秀賞を取った君に言うまでもないことだが」

と言って、赤い液体が入ったグラスを口元に近づけた。

そして、こう締め括った。

「君は誰を残し、誰に辞めてもらうか悩んでいると言ったね。私のアドバイスはこうだ。残すべきは、専門知識を持ち、協調性があり、常に学習する努力を惜しまない人材だ。その中から、君が一緒にやりたいと思う人を選べばよい。それが成果につながるはずだ」

成果とは

浩介との会話で、多胡はたびたび「**成果**」という言葉を口にした。浩介にはその意味がいまひとつわからない。浩介はあまりに初歩的な質問に恥ずかしさを感じながら、成果の意味を聞いた。多胡は意外にも「いい質問だね」と浩介を褒めて、こう答えた。

「成果とは、**目標を設定し、誠実に行動することにより、結果としてもたらされるアウトプット**だ」

会社では「企画・開発」「生産」「販売」「財務」「管理」という専門的な活動が行われる。この一連の流れがビジネスプロセスだ。そして、これらの活動が最終的にもたらす成果が価値だ。価値は会計によって利益として測定され、いずれ現金に形を変える。**成果を上げる大前提がそこで働く人材の知識であり誠実さ**なのだ。

突然、多胡は「小腹が空いた」と言って、突き出たお腹を擦《さす》った。すると、みゆきは手際良くお茶漬けといぶりがっこをカウンターに並べた。

「みゆきさん、君は確か秋田出身だったね」

そう言って、多胡はいぶりがっこを箸で一つ摘まみ口に入れた。

食事を済ませると、二人は熱いお茶を啜《すす》りながら話の続きを始めた。

「君はどうやって新規事業を立ち上げようか悩んでいると言ったね」

「そうなんです。沙羅には日本製菓から引き継いだチョコレート部門と以前から沙羅の喫茶店部門があるんです。どれも儲かっていません。しかも、新規事業を立ち上げる資金も余裕もありません。すべてをリセットして一から事業を立ち上げるのも現実的ではないし。それで、とりあえず既存事業規模を半分に減らして、収支を黒字にし、そこにまったく新しい事業を加えるのがいいかな、と思っています」

「事業規模を半分にね。否定はしないが」

と言って、多胡は浩介にこんな話を始めた。

「学生時代のポン友がいてね、サラリーマンを辞めて焼き鳥屋を始めたんだ。それから3年経って彼から電話がかかってきた。今度は、焼き鳥は儲からないからうなぎも始めると言うんだよ。結構美味しい店だったから焼き鳥屋を辞めるのはもったいない、と言うと焼き鳥のメニューを半分にして、そこにうなぎ料理を追加すると言うんだな。それでボクは忠告した。失敗するからやめにしておけ、とね」

「まあひどい」

と言ったのは、そばで聞いていたみゆきだった。

「誤解しないでね、浩介さん。ひどいのは先生じゃなくて、お友達の方です」

理由はこうだった、焼き鳥屋がうまくいかないから、儲かりそうなうなぎ料理を始めるという。焼き鳥がいまいち軌道に乗らない原因を分析もしないで、より経験を必要とするうなぎ料理に飛びついたのだから、虻蜂《あぶはち》取らずになるのは目に見えている。

「焼き鳥屋が失敗した原因は、家賃が高過ぎたのか、従業員が多過ぎたのか。あるいは素材なのか、焼き方なのか、タレなのか、品揃えなのか、立地なのか。そんなことも分析せずに、うなぎ料理を始めるって言うんでしょ。あまりにも無謀ですよね」

多胡はしきりに頷《うなず》いた。

「みゆきさんは君と同じボクの弟子でね。多胡ゼミでは特別優秀な学生だったんだ。この人のコメントは、そのまま私の君への忠告だと思ってくれ」

つまり、こういうことだ。新規事業には競争力の他に運転資金が必要だ。一方の既存事業は赤字といえども、これまでなんとかやってこられたのは、いずれかの製品が沙羅の事業に貢献しているからだ。いますべきは、その製品が何かを見つけることだ。見つかったら、他は思い切って切り捨てる。当然業容は大きく変わる。いまいる従業員の何人かは不要になるだろうし、設備の稼働率は下がる。人や設備が余れば、他社の下請けで食いつなぐことも考えるべきだ。現状を分析せずに、次の事業に手を出すことほど愚かなことはない、と多胡は助言した。

「それともう一つ、『**事業とは何か**』を考えてみたことはあるかな」

「企業が営利を目的として組織を営むことです」

浩介がこう答えると多胡は首を左右に振った。

「君たちの専門知識を、商品を通して価値に変えることだ」

「知識を価値に変える？」

浩介にはその意味がわからなかった。

「君には3人の仲間がいる。菓子職人、マーケティング担当の女性、経理のプロだ。君の仕事は、3人の知識を一つにまとめて、その価値を新たな価値である現金に変えることだ」

まだ多胡の言っていることを100％理解したわけではなかった。だが、沙羅で働くメンバーが持っている知識を商品に、価値に、そして、新たな現金に変えるという多胡の言葉は浩介に希望を与えた。

「何が君の会社に価値をもたらすか、考えてみたまえ。まったく新しい商品、まったく新しい事業とは限らないのだよ。探し物は案外身近にあるものだ」

「日本製菓や沙羅にですか？」

「いかにも。日本製菓の先代社長がなぜ会社を大きくできたか。そして、雅也君の代で、なぜ創業の精神が失われたのか。そこを知ることが大切なんだ。先代の社長が会社を大きくできたのは、教科書に載っているような経営技法を使って、利益の獲得を目指したからだろうか。そうではあるまい。自分が作った菓子をたくさんの人たちに食べてもらいたい、と願い続けたからだよ」

浩介の脳裏に昔の思い出が蘇った。

「僕の親父は一日中お菓子のことを考えていました。試食品を僕に手渡して『お客さんが喜んでくれるかな』と聞くんです。なかにはウィスキー入りのチョコレートもあったりして。そうか。経営の原点はそこなんだ」

顧客の欲しがる商品は、生産者がいいと思う商品とは必ずしも同じではない。大切な点は、常に顧客に喜んでもらえる菓子は何かを考え、それを商品化して新たなファンを増やすことなのだ。

みゆきが「少し料理が足りないようですね」と言いながら、特製の料理を二人の前に並べた。

「里芋とイカの煮込みだね。このこってりした味は赤ワインにぴったりだ」

そう言って、多胡は里芋を口に入れた。

「みゆきさん、この味はフランスのピノ・ノワールにぴったりだね」

「先生。残念でした。これ、イタリアのサンジョヴェーゼなんです」

みゆきはいたずらっぽく微笑んだ。

解説

ビジネスプロセス

企業が存続するための前提条件は、現金がビジネスプロセスを循環し続けることです。つまり、どれだけ赤字を抱えていても、どれだけ債務超過であっても、現金が循環している限り企業は絶対に潰れません。

「現金が循環する」という意味を沙羅に当てはめればこうなります。すなわち、カカオ豆を購入することで現金は材料に形を変えます。次に、材料（カカオ豆）は製造プロセスで価値を付与されてカカオペースト（仕掛品）、そしてチョコレート（製品）へと変わります。さらに、製品は顧客に売られることで売掛金に変わり、代金を回収することで再び現金になります。

以上を要約すれば、現金は「材料→仕掛品→製品→売掛金」の順に形を変えて、より大きな現金になって再び会社に戻ってくるのです。ここで、製品の原価と売掛

営業循環

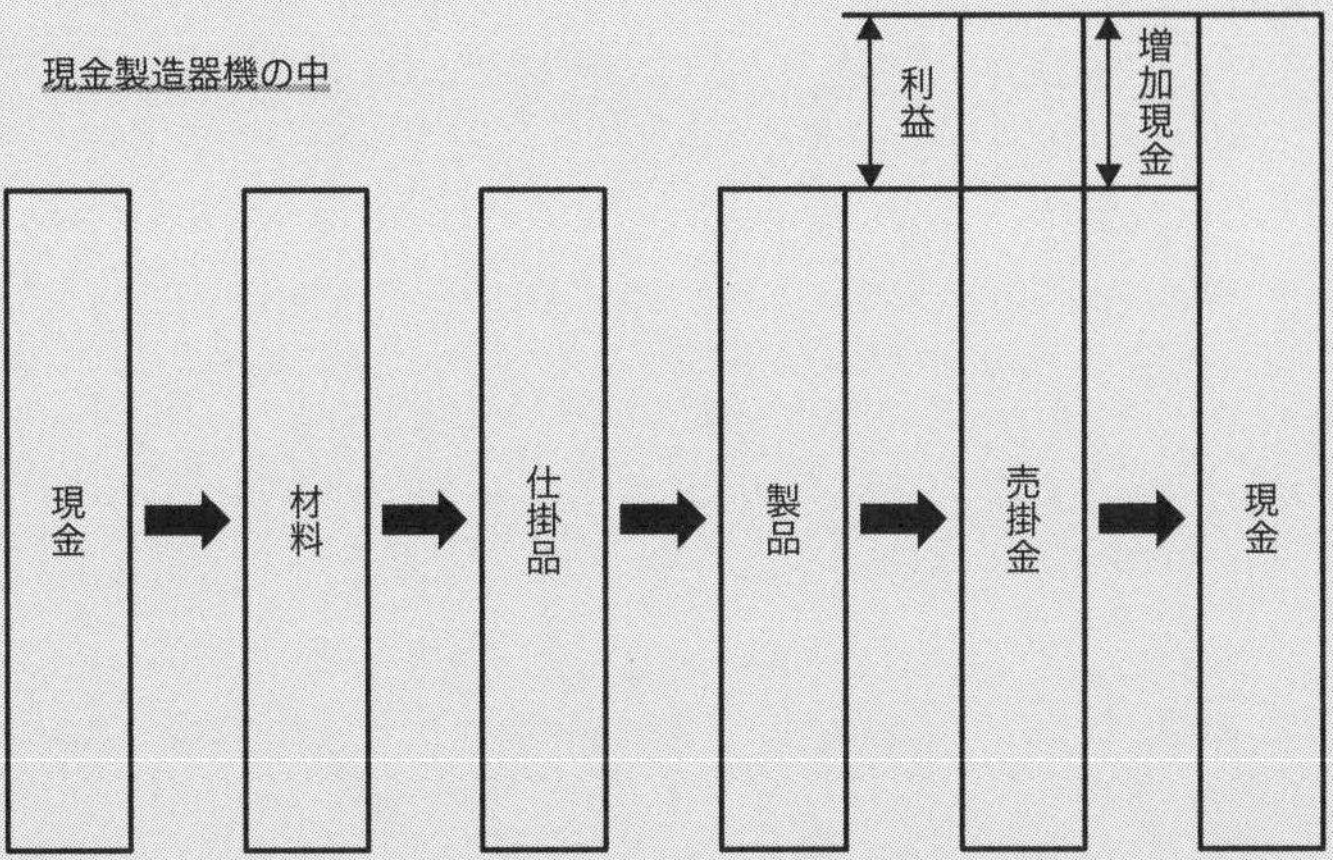

金の差額が「利益」、使った現金と回収した現金の差額が「儲け」、つまり「営業キャッシュフロー」です。

現金は1年間のうちに何度もビジネスサイクルを循環します。製品を作ったものの長い間売れない場合、あるいは得意先の資金繰りが悪化して売掛金の回収が遅延した場合、利益は出ていても現金が少ない状態になります。これが「勘定合って銭足らず」の状態です。

〈登場人物相関図〉

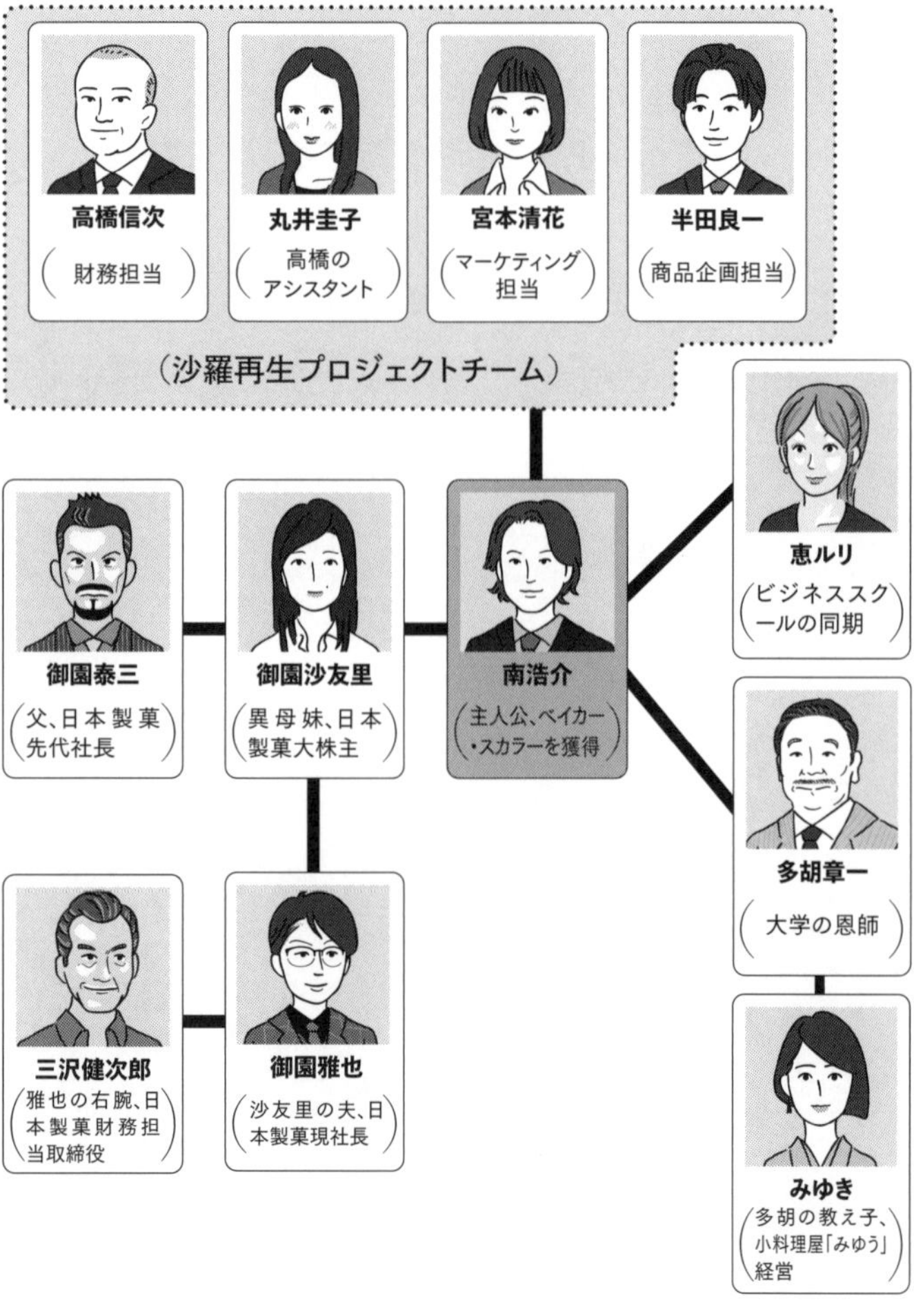

高橋信次
財務担当
丸井圭子
高橋のアシスタント
宮本清花
マーケティング担当
半田良一
商品企画担当
（沙羅再生プロジェクトチーム）
御園泰三
父、日本製菓先代社長
御園沙友里
異母妹、日本製菓大株主
南浩介
主人公、ベイカー・スカラーを獲得
恵ルリ
ビジネススクールの同期
多胡章一
大学の恩師
三沢健次郎
雅也の右腕、日本製菓財務担当取締役
御園雅也
沙友里の夫、日本製菓現社長
みゆき
多胡の教え子、小料理屋「みゆう」経営

第4章
会計は真実を映し出す鏡だ

沙羅会議室

翌日の午後、浩介は八重洲の沙羅本社に着くと、さっそく3人を呼んだ。

「さっき、沙友里さんに会ってきました」

浩介は、昨日の多胡との会食後、沙友里に電話をかけ面会の約束を取りつけたのだった。

「沙羅は膨大な借金と100名余りの従業員を抱えています。その上で、利益を出して、借金の返済をしなくてはならない。しかし、赤字続きで借金返済の資金すらありません」

浩介の話に3人が落胆したのは言うまでもない。

「なんとか資金を工面してもらえないか、相談したんです」

「それで、沙友里さんは何とおっしゃっていましたか」

と聞いたのは清花だった。

「当面の借金返済は親から相続した預金を解約してなんとかする。それまでに沙羅を軌道に乗せて欲しい、そう言っていました」

そして用意できるのは5000万円が限界だと正直に言った。

「それから、沙友里さんから希望がありました。沙羅がうまく立ち直ったら、父が人生を賭けたチョコレートで国際チョコレート大賞を取って欲しいと」

戦後、チョコレートは高級菓子の代名詞だった。多くはアメリカ製で、日本製のチョコレートとは異次元の美味しさだった。戦後、子どもたちは米軍兵士にギブミーチョコレートと言って群がった。そんな屈辱ともいえる光景を目の当たりにした泰三は、「打倒アメリカ製」を目指して、本格的なチョコレートの製造販売を始めたのだった。

「最初は順調でしたが、結局、資金に勝る大手菓子メーカーに負けてしまったんです。それで、無理してヨーロッパ製の機械を買ったのですが、遅過ぎました」

高橋が昔を惜しむように言った。すると「まだ希望はあります」と口を挟んだのは浩介だった。

「沙友里さんがすべての資産を沙羅に注ぎ込んだのは、お父さんの夢を叶えたいからなんです」

国際チョコレート大賞を受賞すればうちの名声は一気に高まり、バレンタイン商戦でも勝てる。そう、沙友里は考えているのだ。


日本でバレンタインデーにチョコレートを贈る習慣が始まったのは1958年頃だから、このお祭りは60年以上続いていることになる。その間、さまざまな変遷を経てチョコレート文化は日本に深く根を下ろした。下火となったとはいえ、バレンタイン商戦で売上を伸ばせれば、会社経営の追い風となる。

「半田君。チョコレート作りは君に頼むしかないね」

高橋が言った。

「ボクはチョコレートに魅せられたから、大学を中退して製菓学校に入り直したんです。任せてください」
半田は目を輝かせた。

沙羅の役員会

業務担当者へのヒアリングと課題の整理で、瞬く間に1カ月が経った。既存事業だけでは沙羅はもたないとの思いは、日に日に高まった。とはいえ、妙案もなく時間だけが過ぎていった。この間、日本製菓から引き継いだ製品の販売代金で運転資金をつないだものの、過大な固定費で原価が膨らんだ製品を販売するごとに赤字は増えた。

浩介には、どうしてもはっきりさせておきたいことがあった。それは製品原価が高過ぎるわけと、本当にチョコレート事業が赤字だったのか、ということである。泰三の長年の夢がチョコレート工程の機械化だった。おそらく彼なりの勝算があったはずだ。清花の話では、財務担当の三沢は2種類の部門別損益計算書を作らせていた。日本製菓から沙羅を分離した際にパソコンの損益データはすべて削除されたという。だが、日本製菓の実態をどうしても知りたい浩介は、ダメを承知でＩＴに詳しい友人に削除されたデータが復元できないか聞いてみた。すると意外な回答が返ってきた。特別なソフトを使えば消されたデータを復元できるかもしれない、というのだ。

後日、浩介が期待した通り２種類の復元した損益計算が浩介の手元に届いた。

午前９時。浩介は会議室にプロジェクトメンバー全員と経理補佐の丸井圭子を集めた。圭子は復元した日本製菓の決算資料を全員に配った。資料は３枚あった。１枚目は不正処理前の決算用。２枚目は経営管理用だった。

全体の営業利益はマイナス１億４０００万円。部門別の業績はチョコレート部門がマイナス２億４０００万円で他はすべて黒字だ。

「赤字部門を私たちに押しつけたのですね」

清花は三沢のやり口を目の当たりにして不快感を露わにした。

部門別損益表（決算用）

（単位：百万円）

	板チョコ	ケーキ	クッキー	バームクーヘン	計
売上高	2,000	1,100	1,400	1,200	5,700
期首製品	300	450	390	200	1,340
製品原価	1,713	797	1,035	1,145	4,690
期末製品	177	430	333	400	1,340
売上原価	1,836	817	1,092	945	4,690
売上総利益	164	283	308	255	1,010
販売管理費					1,150
営業利益					△140

部門別損益表（経営管理用）

※共通費を売上高基準で配賦　（単位：百万円）

	板チョコ	ケーキ	クッキー	バームクーヘン	計
売上高	2,000	1,100	1,400	1,200	5,700
変動費用	400	250	700	350	1,700
限界利益	1,600	850	700	850	4,000
個別固定費	1,436	567	392	595	2,990
貢献利益	164	283	308	255	1,010
共通固定費	404	222	282	242	1,150
営業利益	△240	61	26	13	△140

するとパティシエの半田が首を傾げてこう言った。

「この数字、間違ってませんか。ボクには納得できないんだけど」

高橋は「私は正しいと思うね」と答えた。だが半田は一歩も引き下がらなかった。現場に来てもらえばわかるはずだ、むしろ利益が出ていない部門はケーキやバームクーヘンだと断言した。

二人のやりとりを聞きながら、浩介はもしかしたら半田の勘が正しいのではないか、と思った。もし半田の言う通りなら、チョコレート部門は黒字だったことになる。


すると清花が口を開いた。

「こちらの損益計算書が参考になるかもしれません」

と言って、資料を浩介に渡した。

チョコレート部門の売上高20億円と変動費（材料費）9億円の差が、会社が作り出した価値の総額である限界利益だ。また、チョコレート部門の個別労務費と個別

部門別損益表(経営管理用)

※チョコレート事業を廃止した場合　(単位:百万円)

	板チョコ	ケーキ	クッキー	バームクーヘン	計
売上高	0	1,100	1,400	1,200	3,700
変動費用	0	250	700	350	1,300
限界利益	0	850	700	850	2,400
個別固定費	0	567	392	595	1,554
貢献利益	0	283	308	255	846
共通固定費	0	0	0	0	1,150
営業利益	0	0	0	0	△304

チョコレート事業をやめると営業利益は△427百万円に増えてしまう

経費と個別販売費はチョコレート製品を作り販売するためだけに用意した従業員と設備などに関わる固定費だ。そして、限界利益からこれらの個別固定費を差し引いた額が貢献利益だ。もう一つの図に示したように仮にチョコレート事業をやめれば、貢献利益1億6400万円がなくなってしまう。他は共通製造費、共通販売費、本社費などの共通固定費で、これらはすべての部門に共通的にかかる固定費だ。具体的には、本社ビル、材料倉庫、製品倉庫、管理部門に属する経営者や管理者の給料や経費などで、チョコレート事業を廃止しても、共通固定費はなくならない。

浩介は2つの点に注目した。第1に、これらの部門別損益表は何を基準にして共通固定費を配賦したのかだ。高橋は「売上高」と答えた。

すると清花が高橋に聞いた。

「これって、高橋さんのときも同じですよね」

「日本製菓ができた頃からだね。他にいい基準があればいいんだけどね。私には売上高を基準とする以外思いつかなかった」

どうやら高橋は疑問を持ちながら、売上高基準を使い続けたようだった。

清花は、さっき半田が口にしたことを思い出した。

「半田君はこの部門別損益表を信用していないようだけど、もう少し詳しく説明してくれない？」

「ボクが責任者だったチョコレート部門は、売上が多い割には出荷や管理に費やす仕事量は少ないんです。だから、他の部門より業績が悪いなんてありえません」

半田は興奮気味に説明した。

お買い求めいただいた本のタイトル

■お買い求めいただいた書店名

(　　　　　　　　　　)市区町村 (　　　　　　　　　　)書店

■この本を最初に何でお知りになりましたか

□ 書店で実物を見て　□ 雑誌で見て(雑誌名　　　　　　　　　　)
□ 新聞で見て(　　　　　　　新聞)　□ 家族や友人にすすめられて
総合法令出版の(□ HP、□ Facebook、□ Twitter、□ Instagram)を見て
□ その他(　　　　　　　　　　)

■お買い求めいただいた動機は何ですか(複数回答も可)

□ この著者の作品が好きだから　□ 興味のあるテーマだったから
□ タイトルに惹かれて　□ 表紙に惹かれて　□ 帯の文章に惹かれて
□ その他(　　　　　　　　　　)

■この本について感想をお聞かせください

(表紙・本文デザイン、タイトル、価格、内容など)

(掲載される場合のペンネーム:　　　　　　　　　　)

■最近、お読みになった本で面白かったものは何ですか?

■最近気になっているテーマ・著者、ご意見があればお書きください

ご協力ありがとうございました。いただいたご感想を匿名で広告等に掲載させていただくことがございます。匿名での使用も希望されない場合はチェックをお願いします☑
いただいた情報を、上記の目的以外に使用することはありません。

郵 便 は が き

料金受取人払郵便

日本橋局
承　　認

2771

差出有効期間
2025年8月
15日まで

切手をお貼りになる
必要はございません。

103-8790

953

中央区日本橋小伝馬町15-18
EDGE小伝馬町ビル9階
総合法令出版株式会社 行

本書のご購入、ご愛読ありがとうございました。
今後の出版企画の参考とさせていただきますので、
ぜひご意見をお聞かせください。

フリガナ お名前	性別 男・女	年齢 歳
ご住所　〒 TEL　(　　)		
ご職業　1.学生　2.会社員·公務員　3.会社·団体役員　4.教員　5.自営業　6.主婦　7.無職　8.その他(　　)		

メールアドレスを記載下さった方から、毎月5名様に書籍1冊プレゼント!

新刊やイベントの情報などをお知らせする場合に使用させていただきます。

※書籍プレゼントご希望の方は、下記にメールアドレスと希望ジャンルをご記入ください。書籍へのご応募は1度限り、発送にはお時間をいただく場合がございます。結果は発送をもってかえさせていただきます。

希望ジャンル：☑ 自己啓発　☑ ビジネス　☑ スピリチュアル　☑ 実用

E-MAILアドレス　※携帯電話のメールアドレスには対応しておりません。

「つまり、共通固定費の配賦基準は売上高ではなく、仕事量にするのが理に適っているということか……」

二人のやりとりを聞いて、浩介は確かな手応えを感じていた。共通固定費を仕事量に比例させて負担させるのだ。

浩介の指示で高橋と丸井圭子は、新しい基準での部門別損益計算に取りかかった。

そして1時間後、修正した部門別損益表が全員に配られた。

「結果が全然違うわ」

真っ先に口を開いたのは清花だった。チョコレート部門は黒字だったのだ。しかも、他はすべて赤字になっていた。貢献利益までは同じ金額だが、ここからが大きく変わっている。チョコレート部門の利益は4900万円で、他の部門はすべて赤字だ。**共通費の配賦方法が変わっただけで損益は真逆の結果となった。**

「雅也さんと三沢さんは焦るだろうな」

浩介が声を上げた。

部門別損益表（経営管理用）

※共通費を仕事量で配賦　　　　　　　　　　　　　　　　（単位：百万円）

	板チョコ	ケーキ	クッキー	バームクーヘン	計
売上高	2,000	1,100	1,400	1,200	3,700
変動費用	400	250	700	350	1,700
限界利益	1,600	850	700	850	4,000
個別固定費	1,436	567	392	595	2,990
貢献利益	164	283	308	255	1,010
共通固定費	115	345	357	334	1,150
営業利益	49	△62	△49	△79	△140
取引量	10 .0%	30.0%	31.0%	29.0%	100.0%

理由はこうだ。今回の事業譲渡で沙羅が引き継いだのは個別固定費までで、共通固定費は日本製菓に残ったままだ。疫病神と思われたチョコレート事業を沙羅に押しつければ日本製菓は黒字になるはずだった。だが、現実はその逆だったのだ。

「半田くんの勘が当たったのね」

清花が言うと、半田はムッとした表情で反論した。

「勘ではないですよ。チョコレート部門はムダが少ないんです。材料も時間の使い方も考えて行動してますからね。

それでも赤字と言うのなら、経理の計算が間違っているんです」

すると、複雑な表情で会話に耳を傾けていた高橋が口を開いた。

「半田君の言う通りだな。私は長い間、現場を知らずに部門の利益を計算してきた。三沢はその数字を加工して利益が出ているように見せかけた。私も彼と大差ないね」

経理は宿り木か

浩介は多胡から幾度も聞かされた言葉を思い出した。

「私の恩師がいつも言っていました。**『会計は事実を映し出す鏡でなくてはならない』**と。高橋さんどう思いますか」

「なるほど、鏡ですか。名言ですね。私はいままで、自分が組んだ決算こそが真実だと思い込んできたんです。傲慢《ごうまん》でした」

「良い機会ですので、高橋さんと丸井さんに申し上げたいのですが」

浩介は経理の仕事について、自身が考えていることを話し始めた。経理部門はコストセンターだと言う人がいる。もっと辛辣《しんらつ》な意見として、会社に寄生する宿り木だと揶揄《やゆ》する人もいる。だが、それは間違いだ。確かに決算書や申告書を作成するだけでは利益は増えない。資金繰りも重要だが、これも利益を増やす仕事ではない。だからといって、経理がなければ会社は成り立たない。

経理にはもう一つ重要な機能があることを忘れるべきではない。それは**利益を増やすための経営情報を収集して、経営者や管理者に伝える役割**だ。さらに彼らや現場作業者と一体となって、実際にアクションを起こすことが重要なのだ。つまり、経理はPDCAサイクルの軸となるアクティブなプロフィットセンターでなくてはならないのだ。

「そうあるべきです」

高橋は素直に認めた。

会計に対する高橋の理解が変化し始めたことに浩介は満足を覚えた。そして、チョコレート部門は赤字ではなかったことで希望が見えた思いがした。

沙羅には他に喫茶部門がある。たいした投資をしなくても赤字ではない。昔ながらの馴染み客に支えられて細々と生きながらえている。こうしてみると、沙羅は捨てたものではないことがわかってきた。

では、どのようにして部門を束ね、いかなるアクションを取るべきか。そして経理はどのように関わるべきか。浩介たちの修羅場はまだまだ続きそうだった。

貸借対照表の構造を理解する

浩介にはもう一つ伝えたいことがあった。

「もっと稼げる会社にする方策を検討する前にみなさんに知ってもらいたいことがあります」

浩介は3枚目の会計資料を見るように伝えた。それは「**貸借対照表**」と書かれた資料だった。

「財務についていえば、沙羅の現状は想像以上に深刻なのです」

浩介は資料の図の見方を説明し始めた。

「貸借対照表は、決算日における会社の財政状態を表した報告書です。決算日時点の資産が左側（借方）に、負債と純資産が右側（貸方）に載っています。左右の合計金額は、計算上の誤りがなければ、天秤のように常に均衡することからバランスシートとも呼ばれます」

経理の知識のない半田は、必死にあくびを堪らえた。

「貸借対照表の左右は次のような関係があります。すなわち、右側の負債と資本は資金をどこから調達してきたかを、そして左側の資産は資金をどのように使ったかを表現しています」

資金とは商売で使う現金のことだ。ちょうど体内に血液が流れているように、会社には資金が流れている。そして、資金をどこから調達して、何に使ったかを表すのが貸借対照表だ。

「図の右側を見てください。負債の中身は仕入業者、銀行、債権者など第三者から調達した資金で、このうち、金利を支払って調達した借入金や社債を『有利子負債』といいます」

貸借対照表

（単位：百万円）

資金の運用			資金の調達			
流動資産	現金貯金	50	流動負債	買掛金	300	営業責務
	売掛金	50		短期借入金	200	有利子負債
	棚卸資産	400	固定負債	長期借入金	500	
固定資産	有形固定資産	300		社債	0	
	無形固定資産	0	資本	資本金・資本余剰預金	50	株主払込
	投資	0		利益剰余金	△250	留保利益
合計		800	合計		800	

沙羅の長期借入金は５億円だから、借入期間を10年とすると、毎年５０００万円、毎月４１７万円の元金を返済しなくてはならないことになる。さらに利率を１％としても年間４７５万円の金利を支払わなくてはならない。その額は合計で５４７５万円。これを税引後の利益で返さなくてはならないのだ。気の遠くなる話だ、と浩介は思った。

説明は資産に移った。

「調達した資金の運用先が資産です。沙羅の場合、金額の大きい資産は製品と設備装置です。高橋さんと清花さんに精査してもらったところ、製品原価のうち3億円は、沙羅を分社する前の8月に付け替えられた固定費でした」

製品在庫金額は6億円だ。それは3億円水増しした額だから、製品の価値は3億円に過ぎない。また有形固定資産5億円のほとんどは埼玉工場の2本の生産ラインに投資した資金だ。このうち1ラインは運転が止まったままで、維持コストがかかっているのに、何の価値も生んでいない。

「貸借対照表を分析する際に注目すべきは、これらの資産が利益を稼ぎ出しているかという点です」

「でも全体としては、利益は出ているのですよね。それでも問題なのですか」

と聞いたのは、清花だった。

「利益ではなく儲けが足りないのです」

「どう違うのでしょうか」

利益に対して、儲けは現金の増加のことなのに、清花はそのことをわかっていない。

浩介はため息をついた。

解説

変動費と固定費

① 費用の分類

管理会計では、費用を売上（操業度）と比例して増減する変動費とそうでない固定費に分けます。また、固定費はある事業や部門などに固有の個別固定費と共通固定費に分けられます。

典型的な変動費は、原材料費や外注費です。その他のほとんどの費用が固定費で、人件費、減価償却費、賃借料、リース料等です。

また、チョコレート製造工程の機械装置の減価償却費や維持費、直接作業者の人件費などが個別固定費で、本社管理部や経理部、人事部など、チョコレート部門以外の全部門や全事業に対して共通的に生じる役員報酬、経理部や情報システム部の費用が共通固定費です。

② 限界利益

売上高から変動費を差し引いた金額を限界利益といいます。これは会社が材料に付した価値の総額と考えることができます。

売上－変動費＝限界利益

③ 貢献利益

貢献利益は、限界利益から個別固定費を引いた利益で、当該事業や部門で管理可能な利益です。「共通固定費回収に貢献する」という意味で貢献利益と呼ばれます。

限界利益－個別固定費＝貢献利益

④ 営業利益

貢献利益から共通固定費を差し引いた金額が営業利益です。

貢献利益－共通固定費＝営業利益

⑤貢献利益と営業利益の見方

共通固定費は一定の基準で各部門に対して配賦しますから、個々の部門では管理不能な費用です。部門の事業活動中止の判断は、この貢献利益が黒字か赤字かで行います。

理由は2つあります。第1に、個別事業を中止して失われる利益は貢献利益ですから、少しでも黒字があれば、その額だけ共通固定費を回収できるからです。第2に、共通固定費の配賦基準によって各部門の営業利益が大きく変わることがあるからです。日本製菓の経営者が判断を間違えたのは、この配賦方法に問題があったからです。

事業別損益計算書

（単位：百万円）

	A事業	B事業	C事業	合計
売上高	100	200	150	450
変動費	75	160	127.5	362.5
限界利益	25	40	22.5	87.5
個別固定費	20	20	24.5	64.5
貢献利益	5	20	−2	23
共通固定費	9	7	3	19
営業利益	−4	13	−5	4

〈設問〉

図表に挙げた事業A、B、Cのうち、どれを中止すべきでしょうか。

営業利益はA事業とC事業が赤字ですが、A事業の貢献利益は黒字です。事業を続けてもやめても共通固定費19は変わりません。仮にA事業を中止すれば貢献利益は18に減ってしまいます。C事業を中止すれば逆に貢献利益は2増えて25になります。したがって、中止すべきはC事業ということになります。

第5章

すべての事業は新規事業だったことを思い出せ

～新規事業の必要性～

小料理屋「みゆう」

浩介が多胡と会うのは1カ月ぶりだった。今回は清花も一緒だ。浩介は沙羅の再生に向けてまとめた基本方針について、多胡から感想を聞くつもりだ。清花を同行させたのは、多胡から多くのことを学んで欲しいと考えたからだった。

店の扉を開け中に入ると、ワイングラスを手にした多胡が「こっちこっち」と二人に声をかけた。

「これはネッビオーロというブドウで造ったイタリアのバローロというワインでね。ボクは世界で一番美味しい赤ワインと思っている」

多胡はご機嫌で浩介のグラスにワインを注いだ。

「今日はマーケティングの責任者を連れてきました。今日は彼女に答えさせます」

「清花と申します」

清花は丁寧にお辞儀をして両手で名刺を差し出した。

「君にいい話をしよう。このネッビオーロというブドウ品種は酸味と苦味が程良くバランスが取れている。他の黒ブドウにはない特長だ」

清花は手帳にメモを取った。


「ところで会社の状態はどうかな」

多胡の問いに清花は「赤字だと思っていたチョコレート事業でしたが、意外と利益が出ていました」と答えた。そして、これからの課題は、黒字の製品の売上を増やし、赤字製品にコストをかけて黒字製品にしたいと伝えた。

すると、多胡は清花の考えを一笑《いっしょう》に付《ふ》した。

「君たちは何を考えているんだね」

あまりに厳しい反応に、清花は戸惑いを隠せなかった。

「間違っていますか？」

「大間違いだ。黒字製品の販売量を増やそうとするのは正しい。だが、赤字製品にコストをかけるのは間違いだ。そんなことより、潜在的なビジネスチャンスを探り、近い将来の柱となる新規事業の立ち上げに貴重な人材と資金を投入すべきではないかな」

多胡の言いたいことはこうだ。社内の優秀な人材や多額の資金を投入して原価を改善した結果、赤字の製品が黒字になったとしても、単に元の正常な状態に戻ったに過ぎない。それよりも、**経営資源はより多くの価値を生む製品や新規事業に投入すべき**だ。

「それと、君は共通固定費の配賦方法を変えたら日本製菓のチョコレート部門は利益が出ていた、と言った。それは本当かね」

多胡はそう言って大好きな赤ワインを口にした。

「事業譲渡前の損益計算書ですけど、配賦基準を売上高から時間に変えてみたんです」

「なるほど。確かに売上高で共通費を配賦するという発想は単純だね。負担能力主義の典型と言っていい。だが、多くの大企業でもこの基準を使っている。他に合理的な基準がないと思っているからだ。だから判断を見誤る。不思議なことに配賦基準に問題があることを指摘する専門家は少ないけどね」

経験が豊富な多胡の言葉には説得力が感じられた。

「その意味で、君たちが仕事量である時間を基準に気づいたことは褒めてもいい。だからといって、計算結果が正しいとは言い切れないんだよ」

「何がいけないのですか」

と、清花は思い切って聞いてみた。

「そもそも『配賦』という考えが間違っている。コストは『直課《ちょっか》』でなければ正しい情報は入手できないんだ」

「配賦ではいけないんですか？」

清花は首を捻った。配賦基準そのものを否定する話をこれまで聞いたことがなかったからだ。

「それはね。**配賦基準を作った段階で、担当者の主観が入り込んでしまう**からだよ」

だから配賦計算している以上、会計情報は客観性に欠けてしまう、と多胡はつけ加えた。

作戦会議

「本腰を入れて沙羅を育てる際に、心得ておくべきことがある。最初にこの点をレクチャーしよう。清花さん」

突然名前を呼ばれ、清花は無意識に背筋を伸ばした。

「君の会社の製品は何だね」

あまりに単純な質問だった。

「チョコレート菓子です」

「それは知っている。種類を教えてくれないか」

「板チョコ、詰め合わせチョコ、トリュフです」

「それらは自社工場で作っているのかね」

多胡は続けざまに聞いた。

「板チョコは埼玉の工場で製造して問屋とコンビニに卸しています。詰め合わせチョコは、他社から仕入れた商品を化粧箱に詰めて出荷します。それからトリュフは半田というパティシエがココアの焙煎《ばいせん》から手作りしています」

多胡は目を閉じて清花の説明に耳を傾けた。そして目を開けると、こんな質問をした。

「トリュフとはなかなか洒落ているね。同じトリュフでも味はピンキリだからね。ところで、その半田君は腕がいいのかね」

「銀座の一流店で修業していたそうです。けれど……」

「高級トリュフじゃないのかね」

「日本製菓で作っていたのは、トリュフといっても廉価《れんか》品ばかりなんです。沙羅になってからも変わりません」

「それはどうしてなんだね」

「前の社長の考えなんです。トリュフを買うのは若い女性だから、高くては売れない。だから、手軽に買え、しかも利益率のいい製品を開発すべきと常々言われたそうです」

多胡はうんざりした顔でこう尋ねた。

「それで、その戦略は成功したのかね」

「さっぱりダメでした。あの人はいまの若い女性のことをよくわかっていないんです。最近の若い女の子は、多少高くても、美味しければ躊躇なく財布を開きます」

多胡は、そんな社長の下で働かざるを得なかった半田に同情を覚えた。

「私の教え子も君と同じことを言ってたな。で、半田君はそんな仕事をどう思っているんだね」

「2人の子どもにお金がかかるからいまは我慢するって。本心は嫌で堪らないようです」

「なるほど」

と言って、多胡は水を一口飲んだ。

「板チョコの売れ行きはどうなんだね」

「国内でも明治、森永、ロッテ、ゴディバと競争相手が多いですから。どうしても値引きしないと売れません。ただ、ブラックチョコレート系だけは値引きもせずによく売れています」

清花が言うブラックチョコレート系には、一般消費者用の板チョコと業務用のブロックチョコレートの２種類がある。

売れているのは一枚２００円のカカオ98％の板チョコと１kgのブロックチョコレートだ。これらは１年を通して売上の変動は少ないのが特徴だ。だが、売上金額は全体の２割に過ぎない。

「詰め合わせ品はどうなんだね」

「いろんな種類のチョコレートを仕入れて、詰め合わせるんです。お中元やお歳暮の時期にたくさん売れます。ただ、人手がかかるので作業はパートさん中心です。利益はほとんど出ていません」

「全体として利益は出ていないとしても、よく売れる種類と売れない種類があるんじゃないかな」

「そうですね。売れるのは、比較的安くて、たくさんの種類が楽しめる３０００円の詰め合わせですね」

「詰め合わせるチョコレートの種類が違えば原価も違うはずだ。だから、利益率も異なってくる。その辺はしっかりと管理してきたのかな」

清花は首を左右に振った。細かな利益計算をしてこなかったからだ。それに、中に入れる商品の種類はバラバラで、複数の会社から買い、複数の詰め合わせ商品に使っている。輸入品はそのときの為替相場の影響を受けるし、仕入量でも単価は大きく変わる。そんな厄介な計算をしても利益は微々たるものだ。にもかかわらず、時間とコストをかけて正しい原価と利益を計算すべきなのか。清花は利益計算の必要性を感じなかった。

「原則はね」と言って、多胡は腕を組み目を閉じた。これは集中したときのお決まりのポーズだ。

「浩介、清花さん。多少力仕事になるが、早急に次の点を調べなさい」

こう言って、多胡は内ポケットから太いドイツ製の万年筆を取り出し、レポートパッドにすらすらと文字を書いた。そこにはこんなことが書かれていた。

1　製品１つあたりの売価、原価、粗利益
2　製品別売上高、粗利益
3　得意先別売上高、貢献利益
4　営業マン別売上高、貢献利益

清花は気が重くなった。これまで作った資料は、板チョコ、詰め合わせ、トリュフのグループ損益だけだったからだ。どこから手をつけていいかもわからない。

「難しく考えることはない。正確な計算は必要ない。できあがったら、売上高が多い順、利益が大きい順に並び替えてみたまえ。想像もしなかった面白いことを発見するはずだ」

多胡が何を期待してそんな面倒な作業を命じたのか、清花には理解できなかった。

レクチャーが一段落するのを見計って、みゆきはとっておきの里芋の煮付けと光沢のあるご飯をテーブルに並べた。清花は里芋を摘まんで口に入れた。

「美味しい」

それは、いままで食べたことのない不思議な味だった。すると、多胡は嬉しそうに言った。

「この店の客は、この料理を食べにわざわざ地方からやって来るんだよ。値段は結構高いんだがね」

「お客様には感謝してます」

みゆきが照れくさそうに微笑んだ。

「でも客は文句一つ言わない。それどころか、別の客を連れてくる。このバローロのように他にはない不思議な魅力があるからだ。マーケティング担当の君にヒントになりそうだね」

そう言って、多胡は里芋を口に放り込んだ。

住三銀行　東京本社調査部

「彼がうちのOBだと思うと情けなくなるわ」

恵ルリは不愉快でならなかった。アメリカのビジネススクールを修了して、あえて日系の銀行に入った理由の一つは、銀行が行っている日本企業に対するコンサルティングのスキルを身につけようと考えたからだった。それに、日本企業の生の現状を知ることができる。ビジネススクールの教材は、アメリカか日本のトップ企業の事例ばかりだった。しかも、実務経験のない教授の講義は、机上の空論に過ぎず、それが不満だった。

将来を考えると、できるだけ多くの実例に触れる必要がある。それには銀行の調査部に所属するのが一番いいと考えたのだ。PDF化された何百、何千社もの報告書と調書を好きなだけ読むことができる。ここにある資料すべてに経営者と銀行との生々しい思いが染み込んでいる。ルリは少しでも時間の余裕ができると資料を読み漁った。

それともう一つ、日本に戻った理由があった。MBAのクラスで席を並べた南浩介のことが頭を離れないのだ。あろうことか、ほとんど忘れかけた妹のために、人生で一度あるかどうかのチャンスを棒に振ったのだ。

（なんてお人好しなんだろう）

ルリは呆れてモノが言えなかった。だが、その人の良さが彼の魅力なのだ。

今日もまたPDF化された調査資料を読み進めていくと、目を疑う複数の資料に出くわした。

どれも住三銀行が融資を実行したものの、そのあと、会社の経理操作が判明して倒産した事例だった。

ルリが戦慄《せんりつ》したのは、経理操作のすべてが同一人物によって仕組まれていたことだ。しかも、住三銀行からの出向者だったのだ。その行員が指南した粉飾の手口はいろいろだ。

たとえば、減価償却費を計上すれば赤字になる会社に対してはあえて計上しない。税務上は問題ないが、時が経てば、固定資産の価値は確実に減るから減価償却をすべきことは言うまでもない。このくらいなら驚くには当たらない。

彼が別の会社に教えた手口はこうだ。この会社は複数の外注先に部品加工を発注し、自社での作業は最終受入検査だけだった。そして部品を外注先に出荷するごとに有償支給材料に10％の利益を乗せて売上に計上していたのだ。期末直前に大規模に部品を外注先に移動させれば、簡単に売上高と利益をかさ上げできる。

それからもう1社のケースは、同業5社間で同じ製品を循環させていた。現物はAに置いたままで、架空の納品書と請求書をAからBに送り、売上に計上する。さらに納品書と請求書をBからC、CからDへとぐるぐる回す。こうすることで、売上高と利益は限りなく積み上がるのだ。

「まるで粉飾のオンパレードだわ」

ルリは呆れ返った。住三銀行は、自ら派遣した行員によって作成された粉飾決算書を信じて融資を実行し、その後、債権が焦げついたのだ。まるでマンガではないか。あってはならないことが起きているのだ。

それらの資料には、粉飾を指南した男の名が書かれていた。三沢健次郎。ルリが人事部に問い合わせたが、いまどこにいるかはわからなかった。

解説

会計上の利益概念

◇財務会計における利益概念

財務会計上の利益概念には、次の２つの見解があります。

１　企業およびその経営者の業績（収益費用中心観）

２　富または純資産の増加（資産負債中心観）

① 収益費用中心観

前者は、利益を一定期間における企業（経営者）の業績を尺度とする考えです。「利益が多い企業ほど、良い業績を上げている」ということです。

利益は成果と努力との差額です。すなわち、一定期間の成果である収益（売上高）から、その成果を上げるために払った努力である費用（販売した商品の原価、販売活動費、一般管理費活動費等）を差し引いた値が、その期間の利益であり、企業の業績を表現しているものと見なすのです。

成果（収益）－努力（費用）＝業績（利益）

期間利益

財務会計上の利益はこの期間利益です。一定期間の収益と費用の差額で、財務会計で説明した「企業およびその経営者の業績」を表す利益です。経営者や経理責任者は、この利益にはいろいろな問題が内包されていることを知っておく必要があります。そもそも、企業が期間を区切って利益計算を行うのは「企業の経済活動は半永久的に継続する」との大前提があるからです。これを「継続企業の公準」といいます。

会計の立場からすれば「公準」は大前提ですが、継続企業たらしめることが経営者の使命です。さらに、期間損益計算に縛られることで、経営判断に重大なマイナスの影響を及ぼしていることを認識する必要があります。東芝の経営者が期間利益を追求するあまりに不正経理に走ったのはその典型例です。ドラッカーはかつて次のように警鐘を鳴らしていました。

「ある経理畑出身の社長がいみじくも言っていたように、『事業年度という暴君』から自らを解放しない限り、合理的な事業のマネジメントは行えない」

② 資産負債中心観

2つ目は富の増加と考える見解です。富とは、所有している純財産の増加のことです。私たちの家計に置き換えれば、純資産は大晦日に所有する定期預金、株式、投資信託、マンションなどの資産合計額から住宅ローンなどの借金を差し引いた差額です。

この見解に立てば、当期の利益は期末の純財産（資産－負債）から期首の純財産を差し引いて計算します。

期末純財産－期首純財産＝当期利益（富の増加）

◇管理会計における利益概念

一方、会計はさまざまな利益概念があります。ここでは、代表的な2つの利益概念を説明します。

①　個別利益

商品や製品の1個あたりの売価と原価との差額が個別利益です。商品個別利益は売価と仕入原価から容易に計算できます。ところが、メーカーの場合、個別利益の計算は容易ではありません。なぜなら製品原価の計算が簡単ではないからです。

② 生涯利益

2つ目は生涯利益（損益）です。これは、商品の販売開始から現在、そして廃番に至るまでの総収入と総支出との差額です。生涯利益はプラスでなくてはなりません。

また、常に商品がライフサイクルのどこに位置しているかを知る必要があります。本文でも記載したように、成功体験が忘れられず「昨日の稼ぎ頭」の売上を維持しようと、必要以上の広告宣伝費をかけたり、値引き販売をしたり、といった経営は生涯収支を悪化させるだけです。

第6章

囲い込み戦略と「10対90の法則」

驚く結果

「こんなことってあるのですね」

多胡の課題を調べた結果は驚く他なかった。製品別の粗利益、得意先別の貢献利益、営業マン別の貢献利益の一覧表だ。これらの資料からいろいろなことが見えてきた。どの利益も**上位の10%で全体の90%を占めていた。**

製品は約２００種類。品種の多さにも驚いたが、粗利益の90%を稼いでいたのは上位10%の製品だったとは思ってもいなかった。さらに、残りの90%には赤字の製品も混じっていた。つまり、原価に満たない金額で売っていたのだ。

どうやらこの傾向は直近１カ月だけではなかったようだ。清花のファイルにあった日本製菓のデータを調べたが分布は同じだった。得意先についても同じ現象が起きていた。上位10%の得意先が全体の90%の貢献利益を上げていた。しかも、驚くべきことに、売上高の多い得意先が、同時に貢献利益も多いとは限らなかった。

貢献利益率が1%にも満たないコンビニチェーンがあった。全国に販売店を置く「ラウンドゼット」だ。清花はその原因を調べ上げたが、判明した事実は極めて単純だった。

通常のリベートの他に、店舗の棚やチラシの作成代金の一部を特別リベートとして請求されていたのだ。同じく、全国規模のコンビニチェーン「グッディマート」は、新製品が発売1カ月以内に、店舗の棚から撤去の憂き目に遭うことが何度も起きていた。しかも、発売時の特別リベートは先取りされていて返ってこない。ことほどさように、大手の量販店とのビジネスは、売上高は多いが利益は少ないのだ。

その一方で、中堅のスーパーとドラッグストアは仕切値も高く、リベートは比較的少なかった。

さらに15人の営業マンのうち、ほとんどすべての貢献利益をもたらしているのは、

2人だけだった。

「君が気づいたように、会社に利益をもたらしている製品、得意先、営業マンはそれぞれ全体の10％に過ぎない。つまり、**90％の製品、得意先、営業担当は全体10％の利益しかもたらさない**ということだ。不思議なことに、この現象はどこでも起きるんだ」

するとと清花が納得した表情で言った。

「ということは、いまの利益は上位10％の製品と得意先と営業担当だけで達成できるのですね」

「ボクもそう思うな。この際、残りの90％は思い切ってやめてもいいんじゃないですか」

半田も同感のようだった。

だが、浩介の考えは少し違っていた。

「理屈ではそういうことでしょうね。ただ、どうやってその10％に絞り込むか。もしかしたら、絞り込んだ中に、潜在的には売れる製品が含まれているかもしれない。

また、仮に10％に絞り込んでも、残った中で『10対90の法則』が働く可能性もあるしね。半田さんはそのあたりはどう考えますか」

すると半田は「売れそうな製品はボクが選びますよ」と興奮気味にこう続けた。

「板チョコにしても、トリュフにしても、製品の質が良ければ売れるんです。それを日本製菓の経営者たちは安ければ安いほどいいと考えていたんです。だから、この際、すべての製品を精査して10％だけ残してはどうですか」

「ちょっと待って。品揃えも無視できないと思います。売れないことを覚悟して、ある程度品種を増やさないと、全体の売上は増えないのではないでしょうか。ムダと感じても、比較する製品が必要ではありませんか」

と言ったのは、清花だった。残りの90％の製品にもそれなりの存在理由はある、というのだ。

「製品を買ってくれるのは消費者だから、どんなに品質が良くても、彼らが欲しいと思うものでなければ売れない」

高橋は真面目な顔で言った。

「最後は、お客様が選ぶのですからね」

清花も同意見のようだ。

「そうなんだ。商売を長くやっていると、いろんなことに出くわすんだよ。顧客のニーズに合った製品の品揃えをして、その結果、一時的に売上が増えても長続きするとは限らないんだ。競争相手が別の製品を出すと、消費者の目は一斉にそちらに向いてしまうから」

長くこの業界で働いてきた高橋の偽らざる心境だった。それは顧客の満足を否定しているのではなく、**顧客の関心を引き続けることがいかに大変か**を、嫌というほど思い知らされてきた高橋の叫びでもあった。

高橋はこう続けた。

「消費者の目が他社に向かないような工夫も必要でね。私も先代の社長といろいろなことを試みてきたものだよ」

ポイントカード、顧客への新製品情報のメール発信、テレビや新聞を使った継続的な宣伝、子ども向けの怪獣シール、などだ。

浩介もその重要性はビジネススクールで学んだことがある。

「顧客の囲い込みをする。『**リレーションシップ・マーケティング**』の講座で勉強しました。顧客との間で親近感や長期的信頼関係を作り上げる必要があるという理論です。ただ、これを本格的にやろうとするとシステム投資が必要です」

これは**CRM**（カスタマー・リレーションシップ・マネジメント）とも呼ばれ、売上や利益を増やし、企業価値を向上させることを目的とする。画一的ではなく、顧客ごとに濃淡をつけたマーケティングを行うことで、顧客満足度を高めることが特徴だ。

CRMを進めるには、膨大な量の顧客情報を収集し、さまざまな角度から顧客ニーズを把握する必要がある。さらに、その中から自社にとって重要な顧客を選び出してランキングすると同時に、ターゲットとした顧客に対する製品やサービスを重点的に提供して、新たな顧客を増やすとともに、現在の顧客の維持を図るのだ。

「楽天やAmazonで商品を注文すると、関連する商品の広告がメールで送られて来ますよね。あのことですか」

清花が興味深そうな顔で聞いた。

「そうです。お金がかかりますが、顧客が欲しがりそうな商品を直接提案しますから効果は絶大です。いずれ投資する価値はあると思います」

アメリカで勉強した浩介は、情報システムを駆使したCRMはビジネスを展開する上での前提と考えている。

結論が見えないまま、さまざまな議論が続いた。だが一番知りたい「10対90」が起きる真の原因は明らかにされないままだった。

浩介は今日もまた清花を誘って六本木の小料理店「みゆう」に向かった。

10対90の法則

浩介が引き戸を開けると、いつもの席に多胡の背中が見えた。何を話していたのか、みゆきは口元に手を当てて笑っている。

みゆきは浩介に気づくと微笑を浮かべて声をかけた。

「あら、お二人で。お疲れのようですね。何を飲まれます？」

「冷たいお水を一杯下さい。それから冷えたタオルも」

浩介は程良く冷えたタオルで額の汗を拭《ぬぐ》った。

「どうしたんだね。そんな急いで」

「先生からいただいた宿題をまとめてみました。興味深いことに気づきました」

「なるほど」

多胡は興味深そうに耳を傾けた。

「以前、先生から教わった『10対90の法則』です。実際に売れている製品は全体の10％に過ぎないのに、売上高は90％を占めていました。製品別の粗利益も、得意先別の貢献利益も、それから営業マン別の貢献利益も『10対90の法則』通りでした」

そう言って、浩介は清花が作成した資料を見せた。

「なるほど。で、君の悩みは何だね」

「『10対90』は絶対に避けられないのでしょうか」

するとと多胡は「**何も手を打たなければこの法則は働いてしまう**」と答えた。

「ということは、手を打てば避けられる、ということですか」

「もちろんだ」

多胡は当然だと言わんばかりだった。

製品企画やマーケティングに真剣に取り組めば、価値をもたらす製品や得意先の割合は10％から20％、30％、40％と上昇するということだ。しかも、経営の足を引っ張っている製品をやめれば、沙羅の収益力はより大きく改善されるに違いない。

「先生、質問があります。でも、どうしたら『10対90の法則』の割合を改善できるのでしょう」

そこが浩介にはわからないのだ。

すると多胡は突然立ち上がり、お腹をぽんぽんと二度叩いた。

「最近太り気味でね」

「それでもお痩せになる意思がないんです。困ったものですね」

みゆきは呆れた表情で言った。

「実は最近胆石が見つかってね。エコー検査やらＭＲＩ検査をする羽目になった。

結果は問題なしだったが、肝臓に脂肪が溜まっているから減量しなさいと、友人の主治医に言われてしまってね。彼も健啖家《けんたん》で肥満なんだよ。人に言えた柄じゃない」

「ダメですよ、先生」

多胡はみゆきの忠告が聞こえない振りをして浩介に話しかけた。

「浩介、私が何を言いたいのかわかるか」

「いつもこちらのお店で美味しい食事とお酒を楽しんでいるのだから、太るのは当然だ、ということですか?」

浩介は思ったことをそのまま口にした。

「その通り。こんな食生活をしていて痩せたら、間違いなく病気だよ。とはいえ、今日も美味しい食事を楽しめて、酒もうまい。健康な証拠だ」

多胡はラベルに「森伊蔵」と書かれた焼酎をグラスに注いだ。

「私の肥満の原因はすべてこの店にある」

そう言って、料理を作っているみゆきに視線を向けた。

「前にも言ったが、この店は結構高いんだ。だが、ついつい来てしまうんだな。なぜかって、客が満足しているからだよ。店の雰囲気、料理の味、ワイン、日本酒、焼酎などの品揃え。それから、みゆきさんのおもてなしだね。この人のすごいところは、ボクの嗜好《しこう》を完璧に覚えていて、ボクの好みと健康を考えたサービスを提供してくれる。顧客満足の極みと言っていい。これはあらゆるビジネスに共通しているんだよ」

（そうなんだ！）

と、浩介は思った。多胡がここに通うのは、みゆきが大学の教え子だったとか、食事が美味しいとか、好みの酒が置いてあるとかだけではない。みゆきの提供するすべてが多胡の満足につながっているからなのだ。

浩介は、多胡が言いたいことが理解できた。

みゆきは、CRMを実践していたのだ。そして沙羅という会社に欠けているのは、この視点に他ならなかった。今後徹底してCRMを進めれば「10対90」を「90対10」に変えることも可能かもしれない。

「私たちもみゆきさんを見習わなくてはいけない、ということですね」

「いかにも。君の話だと、パティシエの半田君は品質が良ければ製品は売れると信じているようだ。だが、いくら美味しいチョコレートでも、顧客が買ってくれなくては何の意味もない」

その通りだ、と浩介は思った。売るという行為は、会社の製品と顧客の現金を交換するということだ。製品を作り販売するために使った現金が、利益を乗せて顧客から会社に戻ってこなければ再生産はできない。つまり、**現金が回り続けるには、顧客を意識した経営が不可欠**なのだ。会社の目的は、まさに顧客の創造なのだ。

浩介はプロジェクトで行っていることが少しずつ正解に近づいてきた気がしてきた。

多胡は、水割りの焼酎を一口飲んでレクチャーを始めた。

「顧客満足と同じ意味で、『**マーケットイン**』という言葉がある。これは顧客視点で商品の企画・開発を行い、提供していくことだ。これと対照的なのが『**プロダクトアウト**』だ。製品やサービスを提供する側の論理で、『売れる物だけを生産し販売する』『品質が良ければ必ず売れる』『これが顧客が望んでいるものだ』という自己満足の発想でビジネスを展開することだ。どちらが正しいかは、言うまでもない」

ここまで聞いて、浩介はみゆきがマーケットインに徹していることに気づいた。彼女は顧客の好みを知っていて、それを提供する。「私の料理は美味しいから」といった尊大な態度は取らない。しかし、逆から見れば、料理の腕に自信があるから客の好みの味を再現できるのだ。

設備、人材、資金を効率良く活用して、品質の良い製品やサービスを提供するのは会社側の努めだ。とはいえ、いくら品質が良く、価格が安くても、顧客が欲しいと思わない製品では買ってはくれない。

話を聞いていた清花が堪らず口を開いた。

「うちの会社はプロダクトアウトの発想に縛られているんですね。その証拠に、現実のヒット作は僅かにカカオ98%の板チョコとブロックチョコだけでした」

だが清花は日本製菓でもマーケットインという言葉が飛び交っていたことを思い出した。それでも売れるのはせいぜい10%だった。これはどういうことなのか。

「日本製菓の経営者も顧客満足を考えていたようですが」

清花が口にすると、多胡は焼酎が入ったグラスをテーブルに置いて話し出した。

「日本製菓の経営者たちは『**顧客満足**』という耳障りのいい言葉を免罪符にしてきたんだ。しかし、**現実は、お金を振り込んでくれる客にしっぽを振って追っていただけ**なんだ。顧客満足と言いながら、売れそうな製品を他から探してきて安易に製品化して、手当たり次第に売ってきた。それが膨大な種類と数になっているのではないかな」

多胡は、水を一口飲んで続けた。

「**顧客は、君たちの製品を買わないという選択もできる**んだよ」

この発言に、マーケティング責任者の清花に鳥肌が立った。顧客にとって沙羅の製品がどれほど優れているかを説得しようとしても、気に入らなければ買わないだけなのだ。売れないということは、その製品にかかったすべてのコストを会社が負担することでもある。大変な損失だ。

「清花さん。君はどんな動機で洋服を買うんだね」

「そうですね」と言って、清花は大好きなショッピングのシーンを思い浮かべて話し始めた。洋服を買いに行くと、決まって時間をかけて品物を選ぶ。そのときに考えるのは、どこに着ていくか。誰と行くか。周りの人たちはこの服を着た自分をどのような目で見るだろうか。この服がもたらす満足が、値札に書かれたお金を十分上回っているか。つまり、手にした洋服が代金以上の満足を得られる、と思ったとき買おうと決めるのだ。清花は自分の考えを伝えた。

「そうだね。しかも、顧客の気持ちは移ろいやすく、何に満足するかは時とともに変わるから、マーケティングは常に重要だ。ポイント制とかオマケで顧客をつなぎ止める努力も大切だが、それが本質的な解決策になるわけではない」

多胡の説明をここまで聞いた清花は、ある重要なことに気づいた。

顧客満足と言ったところで、抽象論に過ぎない。大切なことは、どうすれば具体的に顧客の心を揺さ振ることができるかだ。清花は多胡にそのことを尋ねた。

リーダーシップを持って

「いい質問だね。心を揺さ振るためには、**他社と一線を画す強みを持つことしかないんだよ。**つまり、その製品の**リーダーシップ**を手にすることだ」

「リーダーシップですか」

思わず清花が口を開いた。リーダーシップは、ある業界における最も規模の大きい企業が握っているものではないか。沙羅のような中小企業には無縁だと、清花は思っていた。だが、多胡は、規模の大小とは関係なく、リーダーシップを持つ企業だけが生き残れる、と言うのだ。

「先生のおっしゃるリーダーシップって何でしょうか?」

清花にはその意味が理解できなかったのだ。

「**市場や顧客のニーズに最も適合している、**ということだ。決して市場占有率の概念ではない」

（顧客満足にはリーダーシップが欠かせない、ということかしら）

清花は自分の誤解に気づいた。そして具体的にそれはどういうものか、と尋ねた。

「リーダーシップは価格や信頼性によって実現することもある。たとえば、自動車メーカーのボルボは安全性でリーダーシップを持つ。日本車は耐久性と故障のしにくさ、ドイツ車は高級感と高速安定性、ＥＶ車のテスラは圧倒的な自動運転性能だ。君の業界でいえば、ゴディバ（ベルギー）、ダロワイヨ（フランス）などのチョコレートはその品質の確かさと味だね。量販品では明治製菓やロッテもリーダーだと言っていい。結局、**顧客が認めてくれなければリーダーシップは成立しないんだよ**」

多胡は一気にしゃべった。

「顧客が認める、ですか……」

「いかにも。顧客が進んで代価を払ってくれるということだ。リーダーシップを持つ製品に、顧客は不当な値引きやリベートなど要求しない。なぜなら、その製品に価値を見出しているからだ。つまり、**顧客に価値をもたらす製品には、なにがしかのリーダーシップがある**んだよ」

こう言って、多胡はワインを注文した。みゆきが持ってきたのは、キンキンに冷やした「甲州」という日本の白ワインだった。

「最近は日本でもいいワインが作られるようになってね。このワインは世界的に評価されているんだ。なぜだろうか。日本という極東でできた珍しいワインだからか。そうではない。品質が良く、世界的に評価が高い日本食によく合うからだ。JALやANAのファーストやビジネスクラスでも採用されている。日本の土壌で作られた繊細な味と香りは、食材本来の味を楽しむ和食に合っているんだよ。しかも、あのモンラッシュ1本の予算で70本は買える」

多胡は「甲州」を一口飲んで笑みを浮かべた。

「沙羅の製品にリーダーシップはあるだろうか、考えてみたまえ」

浩介は、多胡のアドバイスを真剣に考えることがムダに思えてならなかった。膨大な種類の製品。そもそも確固とした考えがあって製品ラインを作り上げたのだろうか。市場で売れている製品を真似して製品化したかもしれない。

「清花さんはどう考えるかな」

「リーダーシップがあれば、こんなことにならなかった、と思いますけど……」

「正直でよろしいと言いたいが、いささか考えが足りない」

多胡は笑いながら、二人にこんなヒントを与えた。

「現実問題として、沙羅の業績が悪くても、製品が売れているということは何かしら強みがあるからだよ。それを徹底的に探るんだ。案外、他社にない特別な工夫や、気がつかなかった品質の良さで人気を保っている製品があるかもしれない。売れないとか赤字の製品の中に、値段の付け方が間違っている製品もあるかもしれない。売上金額が少な過ぎて目立たないが、特別にコストをかけていなくても売れている製品もあるかもしれない。こんな視点で、製品を分析してみることだ」

浩介に、なすべきことがうっすらと見えてきた。

解説

パレートの法則

パレートの法則とは、1896年にイタリアの経済学者ヴィルフレド・パレートが論文で提唱した法則です。

物事を構成する要素は正規分布しているのではなく偏りがあり、一部（20％）が全体の大部分の割合（80％）を占めるというものです。「80対20の法則」と呼ばれることもあります。

ドラッカーはこの法則をさらに進めて、著書で企業活動の実態を次のように分析しています（『創造する経営者』ダイヤモンド社刊）。

第一に、業績の90％が業績上位の10％からもたらされるのに対し、コストの

90％は業績を生まない90％から発生する。業績とコストは関係がない。
第二に、資源と活動のほとんどは、業績にほとんど貢献しない90％の作業に使われる。（中略）その結果、高度に訓練された社員など最も高価で生産的な資源が、最も誤って配置される。

浩介はこの法則を理解した上で、沙羅の業績を高める戦略を練ったのです。

第7章
製品分析をして「シンデレラ」と「ダイヤモンド」を育てなさい

8つの分類

翌日、浩介は多胡のアドバイスにしたがって現行製品の精査に着手した。本来なら会社を牽引するはずの製品が埋もれていないか、あるいは牽引していると思い込んでいた製品が実は会社の足を引っ張っていないか、4人は会議室に食料を持ち込んで徹夜で調べた。

作業は翌日の明け方まで続き、完了したときには窓からうっすらと朝日が差し込んできた。4人は温かいコーヒーと半田が作ったトリュフを食べながら、最後のまとめを始めた。

分析情報から製品は8種類に分類できることが判明した。分類分けは浩介がビジネスクールで学んだドラッカー経営学の知識が役に立った。

8つの製品分類

幼少期	成長期	絶頂期	後退期	末期
		1.今日の稼ぎ頭 板チョコ(カカオ98%、1Kブロック、ダイエットチョコ)、10個入り詰め合わせ		
	2.明日の稼ぎ頭		3.昨日の稼ぎ頭 ミルクチョコ、30個入り詰め合わせ、フルーツトリュフ	
				4.高齢者
				5.失敗品
				6.こだわり品
7.ダイヤモンド				
8.シンデレラ				

次に、それぞれの製品を企画開発してから生産打ち切りになるまでの、どのステージにあるかで5つに分けた。幼少期、成長期、絶頂期、後退期、そして末期だ。売上高上位10％のすべての製品は絶頂期と後退期に属していた。まったく売れない残り90％の多くは幼少期と末期だったが、このうちの大半は末期の製品だった。浩介たちは、製品を一覧表にまとめた。

1　今日の稼ぎ頭……絶頂期にあって売上も利益も大きく、会社の屋台骨となっている製品

2　明日の稼ぎ頭……成長著しく、特に何もしなくても売れている製品
3　昨日の稼ぎ頭……後退期に入り、販売量、利益率ともに下り坂の製品
4　高齢者　……製品寿命が最終段階の製品
5　失敗品……明らかな失敗なのにカタログに載せ続けている製品
6　こだわり品……経営者のこだわりで、経営資源を湯水のように使った製品
7　ダイヤモンド……十分売れる可能性を秘めているのに、埋もれている製品
8　シンデレラ……チャンスを与えれば利益をもたらすかもしれない製品

浩介は分類の説明を始めた。

「**『今日の稼ぎ頭』**は、絶頂期にあって、売上も利益も大きく会社の屋台骨となっている製品です。Apple社でいえば、iPhoneです。人の年齢に置き換えたら、30代から40代でしょうね。うちの製品では板チョコグループのカカオ98％と1kgブロック、カロリー70％カットのダイエットチョコが該当します。詰め合わせチョコグループではベルギーからの10個入りだけでした。それからトリュフですが、残念な

がら今日の稼ぎ頭に入る製品はありませんでした」

この結果を聞いて半田が反応したのは言うまでもない。トリュフが売れないのは、満足できる製品を作らせてくれなかったからだと声高に主張した。

浩介は半田の高ぶった感情が静まるのを待って、説明を再開した。

「**『明日の稼ぎ頭』**は、『成長期』の製品です。人でいえばまだ10代から30代。新鮮で魅力に溢れる製品です。特別なことをしなくても売れるし、利益も出ますから、あえて売る努力をしないのですが、本来はもっと販売コストをかけて売上を伸ばすべき製品です。将来の会社を支える製品ですから、沙羅はこの類型の製品を少なくとも1つは持たなければなりません。しかし、残念ながら見当たりませんでした」

厳しい評価だった。とはいえ、異議を口にする者はいなかった。

「**『昨日の稼ぎ頭』**は後退期に入った製品で、人でいえば50代以降です。体力も気力もあると思っていても、往年のようにはいきません。販売量は下り坂です。以前と同じだけ売るには、特別な値引きや販売手数料が必要です。売上予算を達成できても、利益率は低下する一方です。上位10%の売上高でありながら、僅かな利益しかもたらさない製品です。たとえば、ミルクチョコレート、30個入りお徳用詰め合わせセット、フルーツトリュフはこの分類に入ります」

清花はこれらの製品が「今日の稼ぎ頭」と思っていた。だが、高橋が「特別値引きと販売手数料をやめたら、これらの製品の売上高は激減するだろうね」と指摘して、そうではないことを理解した。

「次は寿命を迎えた『末期』の製品で、**『高齢者』『失敗品』『こだわり品』**が該当します。『高齢者』は製品寿命が最終段階の製品です。本来なら生産を止めるべきですが、包装資材が残っているか、あるいは得意先からたまに注文を受けるため、なかなか生産を止められない。また『失敗品』は明らかな失敗なのにカタログに載せ続けている製品です。経営が順調なら、こうした製品は自然と消えていくのですが、日本製菓や沙羅のように経営がうまくいってない会社は、売上が欲しいという理由でなかなか廃番にできません。それから『こだわり品』ですが、主として経営者のこだわりによって、ヒト・モノ・カネが湯水のように使われる製品です。未だに成功していないし、将来成功する可能性はほとんどありません。あまりに多額の投資をしてきたために、経営者が現実を直視できない。しかも困ったことに、社内で最も優秀な人材がこの失敗に近い製品のために注ぎ込まれています。たとえていえば、東芝の原子力事業です。当社は幸いにも、『こだわり品』はほとんどありません」

「沙羅にはこの高齢者と失敗品に属する製品が全体の半数以上ありました。言うまでもなく、これらの生産には、人も機械も場所も、そしてお金もかかります。もし、すべての生産を中止し、不要となった従業員に辞めてもらい、機械を処分したら、会社全体のコストは40%近く下がると見込まれます」

「最後は『幼少期』です。ここに含まれるのは、まず『**シンデレラ**』です。チャンスを与えれば利益をもたらすかもしれない製品ですが、いつも隅に置かれていて注目されません。『シンデレラ』となっている理由は、多くの場合、利益率が少ないからです。経営者も営業も利益総額でなく、利益率で儲けを判断します。本当はよく売れるはずなのに、利益率が低いという理由で積極的に売ろうとしないのです。もしかしたら売価が低すぎたかもしれない。あるいは見積原価の計算が間違っていたかもしれません。もしそうなら販売価格を変えるだけで、あるいは間違った製品原価を正しく計算し直すだけで、一気に『明日の稼ぎ頭』に躍り出る可能性を秘めた製品だといえます。いまは調査中ですが、沙羅には板チョコとブロックチョコの中にそれらしい製品があります」

「もう一つの『**ダイヤモンド**』はそのままでも十分売れる可能性を秘めているのに、営業が製品説明を怠っているため埋もれている製品です。これは営業部員の教育とも関係しています」

いままでは、ただ売上を増やすことだけを考えてきたのだが、製品を分類したことで、力を入れるべきものと、止めるべきものをハッキリ線引きできた。実行に移すべきは、「**シンデレラ**」と「**ダイヤモンド**」を見つけて「**明日の稼ぎ頭**」に押し上げ、「**明日の稼ぎ頭**」を「**今日の稼ぎ頭**」に育てることだ。また、「昨日の稼ぎ頭」に多くのコストをかけるのはやめる。つまり、値引きやリベート要求に巻き込まれないようにすれば、販売コストは大幅に減少するはずだ。そして、末期を迎えた「高齢者」「失敗品」「こだわり品」は勇気を持って見切る。そして、思い切ってこれらに関連するすべての生産設備、人員をリストラするのだ。

浩介は最後にこう訴えた。

「我々の手で沙羅を蘇らせる」

日本製菓社

「今月の決済資金が足りなくなりそうです。ここに奥様の御印鑑を」

三沢はノックもせずに社長室に入るなり、雅也に書類を見せた。

「ちょっと待ってください。利益が出ているんじゃなかったのですか」

利益が出ているなら資金は潤沢ではないか。それに借入をするのに別居している沙友里の保証が必要なのか。

三沢は気まずそうに「そこですが、経理のミスが判明しまして、実は赤字でした」と言って頭を下げた。

「納得できないね。それに家内の保証？　それは男のプライドにかけてもできない相談ですよ」

「社長、我が社には決済資金がないのです」

（経理のミスじゃないのか？　違うのか……冗談じゃない！）

雅也は唇を震わせながら、込み上げる感情を懸命に押さえ込んだ。三沢に去られたらお終いだ。いまは三沢に得意な「魔術」を使ってもらうしかない。雅也は言葉を選んでゆっくりと話しかけた。

「三沢さん。決算書をなんとか黒字にして、銀行から融資を引き出してもらえませんか」

「冗談はやめてください。メインバンクの住三銀行は、私たちが勤めていた銀行ですよ」

「だからこの通りお願いしたいのです」

雅也は突然正座して、思いっ切り床に額を叩きつけた。ゴンゴンと鈍い音がした瞬間、雅也の額はザクロのように割れて、鮮血が流れ出した。雅也は、その血を拭おうともせず、幾度も叩き続けた。床がみるみる真っ赤に染まった。

三沢は雅也の形相《ぎょうそう》に恐れをなした。

「わっ、わかりました。今回だけですよ」

と言い残して、社長室から逃げるように走り去った。

解説

ドラッカーの利益概念

一般に企業の目的は「利益の最大化」とされています。ところが、ドラッカーは「顧客の創造こそが目的であり、利益は企業経営の前提」と言っています。ここでは前提としての利益の役割について解説します。

ドラッカーは著書『現代の経営』（ダイヤモンド社刊）で利益の役割を次のように述べています。

第一に、利益は事業活動の有効性と健全性を測定する。まさに利益は事業にとって究極の判定基準である。

第二に、利益は陳腐化、更新、リスク、不確実性をカバーする。この観点から見るならば、いわゆる利益なるものはないことになる。

第三に、利益は、直接的には社内留保による自己金融の道を開き、間接的には事業に適した形での外部資金の導入要因となることによって、事業のイノベーションと拡大に必要な資金の調達を確実にする。

つまり、こういうことです。

利益の第一の役割は、業績評価機能としての役割です。利益は業績を測定することができるただ一つの尺度であり、事業活動の成果を最終的に判定する役割を担っています。

第二の役割は「事業の維持」と「事業存続」です。企業の活動では、不確実性とリスクを避けて通れません。将来に向かって生存し続けるには、これらの将来のリスクをカバーできるだけの利益（現金）が必要です。つまり、利益は余剰ではなく、将来のリスクをカバーするための保険であり、事業存続のコストととらえるべきだ、というのです。

第三の役割はイノベーションと将来の事業拡大に必要な資金を調達する際に、直接金融そして間接金融の道を開く機能です。勝負をかけるときに資金がなければ競争に打ち勝つことができないからです。

そして、「これら三つの機能のいずれも、経済学者のいう利益の最大化とは何ら関係がない。これら三つのいずれの機能も、最大ではなく最小に関わる機能概念であるから、企業の目的は利益の最大化ではない」といいます。

第 8 章

経理部は経営の羅針盤

イノベーションのジレンマ

浩介は今日も清花を伴って、六本木の小料理屋「みゆう」の引き戸を開けると、多胡の両脇の椅子に腰をかけた。

「プロジェクトはうまくいってるかね」

と言って多胡は日本酒をグラスに注いだ。

「製品を精査しました」

浩介はチームのメンバーと検討した内容を報告した。

「製品をステージ別に分類したんだね、いいところに目をつけた」

多胡は満足げに頷いた。だが、それだけで沙羅が復活するはずもない。

リストラがうまくいっても利益はせいぜい5000万円程度

だろう。

しかも、沙羅が軌道に乗るまでに1年はかかる。運転資金に5000万円、さらに借金の返済資金に1億円必要だ。とてもじゃないがお金が足りない。新規事業を興して利益をあと1億円上乗せしたい。浩介はそんな話をした。

「君の言っていることに現実味が出てきたね。わかっていると思うが、早急に実行すべきことがある。まず、リストラで固定費を減らし、次に在庫を削除して運転資金を軽くする。それから、投資資金をどこかから調達して新規事業を立ち上げることだ」

「私たちも、既存事業で収支の黒字化を実現して、新規事業はそのあとで、と考えています」

「それでは遅過ぎる」

多胡は最初から新規事業を立ち上げよと言うのだ。

「以前私が教えたことを忘れてしまったのかね。新規事業といっても、いままでやったこともない特別な事業を興せと言っているのではない。新規事業のヒントは既存事業にあるんだ」

多胡は、まずは社内リソースを棚卸しせよ、と言った。社内には思ってもいないヒントが隠れていることがある、と言って富士フィルムとコダックの例を挙げた。

かつて両社はカラーフィルムの市場を競い合ってきた。ところがデジタルカメラの登場でカラーフィルムの市場は２０００年をピークに、そのあと10年間で10分の1の規模に縮小した。優れた既存商品を持つがゆえにその市場に固執し、新興企業に大きく後れを取ってしまうという、**「イノベーションのジレンマ」**そのものだった。そして、２０１２年1月、コダックは連邦倒産法第11章の適用をニューヨークの裁判所に申請した。一方、富士フィルムは化粧品事業と医療機器事業に進出して復活したのだ。

「医療機器はレンズの技術が使えますが、フィルムと化粧品はまったく別分野にも見えますけど」

清花は首を傾げた。

「それが違うんです」

と言ったのは浩介だった。ビジネススクールでも取り上げられた有名な事例だから詳しく知っている。

フィルムは数千という化学物質の研究が基礎になっている。つまり、化粧品は富士フィルムにとって潜在的な得意分野でもあったのだ。この事業を柱にするため富山化学工業の3分の2以上の株式を取得して子会社化した。さらに富士ゼロックスも子会社化して、富士フイルムホールディングスは旧富士フィルム、富士ゼロックス、富山化学工業を核とする体制が整い、写真フィルム会社から完全に脱皮したのだ。

「得意分野だけにこだわってはいけないのですね」

浩介が言った。

「その通り。難しい判断だが、こういう局面で経営者の真の能力が問われるんだよ」

多胡は話のポイントを整理した。

まず、イノベーションのジレンマだ。既存事業を安易に継続すべきでない。次に、まったく新しいことではなく既存事業の中からリーダーシップを執れる「何か」を見つけることだ。そして、一気に新規事業を立ち上げる。以上の条件をクリアするにはいろんなハードルがある。

第1のハードルは人材だ。情熱がなければやり遂げることはできない。しかも、誠実で志が高くなくてはならない。

第2のハードルは、リーダーシップを執れる「何か」の見つけ方だ。これまで時間をかけ、資金を投入し、情熱を傾けてきたものは何か。そこを丹念に掘り起こすのだ。

第3のハードルは、資金、ノウハウ、スピードだ。沙羅にとって、資金の調達手段は運転資金の圧縮と借入しかない。ノウハウはどうか。素早く立ち上げるには、他社の買収か提携だろう。これも資金が必要だ。これらを俊敏に行わなくてはならない。

すると清花が口を開いた。

「やはり既存事業のスリム化が不可欠なんですね。でも、どうすればよいのか……」

「そこなんだが」

と言って、多胡はなぜかみゆきを呼んだ。

「君の料理場を浩介たちに見せてやってくれないか」

「わかりました。でも、舞台裏ですから興覚《きょうざ》めしないでくださいね」

多胡の意図をみゆきはすぐに理解したようだった。最初に二人を材料置き場、炊事場、冷蔵庫、オーブン、ガスコンロの順に案内した。どこもピカピカに磨かれていて、ゴミ一つ落ちていなかった。材料の棚にはせいぜい1日分の野菜が、冷蔵庫にも1日か2日で使い切れる食材が入っているだけだった。二人がさらに感心したのは、ワイン、日本酒、焼酎、ビールといった酒類だ。その種類も数も僅かだ。聞くと、客の好みのお酒だけを置き、足りなくなったり、突然高いお酒を注文されたりしたら、近くの酒店から配達してもらうというのだ。

「どうでしたか」

料理場の見学を終えると、清花が興奮気味に尋ねた。

「ムダがありません。これって、みゆきさんが考えたのですか」

「そうですよ。先生から教わったことを私なりに工夫しました。それからうちは予約制なんです」

その一言で、ムダがない理由が氷解した。完全予約制で、しかも客の好みを知っているから、食材を余分に在庫する必要がない。運転資金が少なくていいし、コストがかからない。まさにトヨタシステムではないか。

すると多胡が口を開いた。

「この店は徹底してムダを省いている。それは何のためだと思うかな」

「利益を増やすためです」

浩介はビジネススクールのケーススタディで学んだことを思い出した。東日本大震災の影響で赤字に転落したトヨタの素早い対応だ。売上の増加を目指すのではなく、徹底したコスト改善で危機を脱したのだ。

売上を増やすのは難しいが、コストは社内の努力で減らすことができる。乾いたぞうきんをさらに絞って3000億円以上のコストをカットしてV字回復を果たして黒字に転換した。浩介は自信を持って答えた。

「本当に利益を増やすためだけなのか？」

多胡が聞き返した。確かにこの答えはあまりに陳腐《ちんぷ》だ、と浩介は思った。

浩介は会社の達成すべき目的に遡って考え直した。ゼミの授業で多胡は、「利益は目的ではなく前提に過ぎない」と言っていたことを思い出した。

（そうか！）

その瞬間、浩介の頭の中を覆っていたモヤモヤがすっと晴れた思いがした。

企業の目的は顧客に満足を提供することだ。顧客は常に、自分が支払う現金以上の満足を求めている。数字に置き換えるならば、支払った金額の2～3倍の価値を期待しているのだ。そのためにも、質のいい材料を使い、美味しい料理と良いサービスを提供するのだ。質のいい材料だからといって、腐らせてしまったら、結局そのムダなコストも客が払うことになる。ムダがないことの本当の意味は、それが顧客の満足度を高めるからに他ならない。みゆきはそこまで考えてこの店を経営しているのだ。浩介はこの考えを言葉にして伝えた。

「その通り。何はさておき、君たちはムダを徹底的に排除しなくてはならない。そして、沙羅の収支を黒字にする。その上で、一気に新規事業を立ち上げるのだよ」

多胡は冷えた水でのどを湿らせると、カバンから罫線が入ったレポート用紙を取り出して、愛用の太い万年筆で「**付加価値→利益→現金**」と書いた。

「簡単にまとめるとしたらこういうことだ。企業活動の前提は何か。それは存在し続けることだ。経営に失敗すれば、金の卵を産むガチョウを手放さざるを得ない。シャープや東芝の失敗を見ればわかることだ。では会社存続の前提は何か。答えは現金が回り続けることに他ならない。そのために**企業は利益を出し続けなくてはならない**。そして利益は会社が作り出した価値だ」

多胡は清花に埼玉工場のモノの流れを教えてくれないかと言った。清花はレポート用紙に工程図を書くと、こんな説明をした。

チョコレートの製造工程

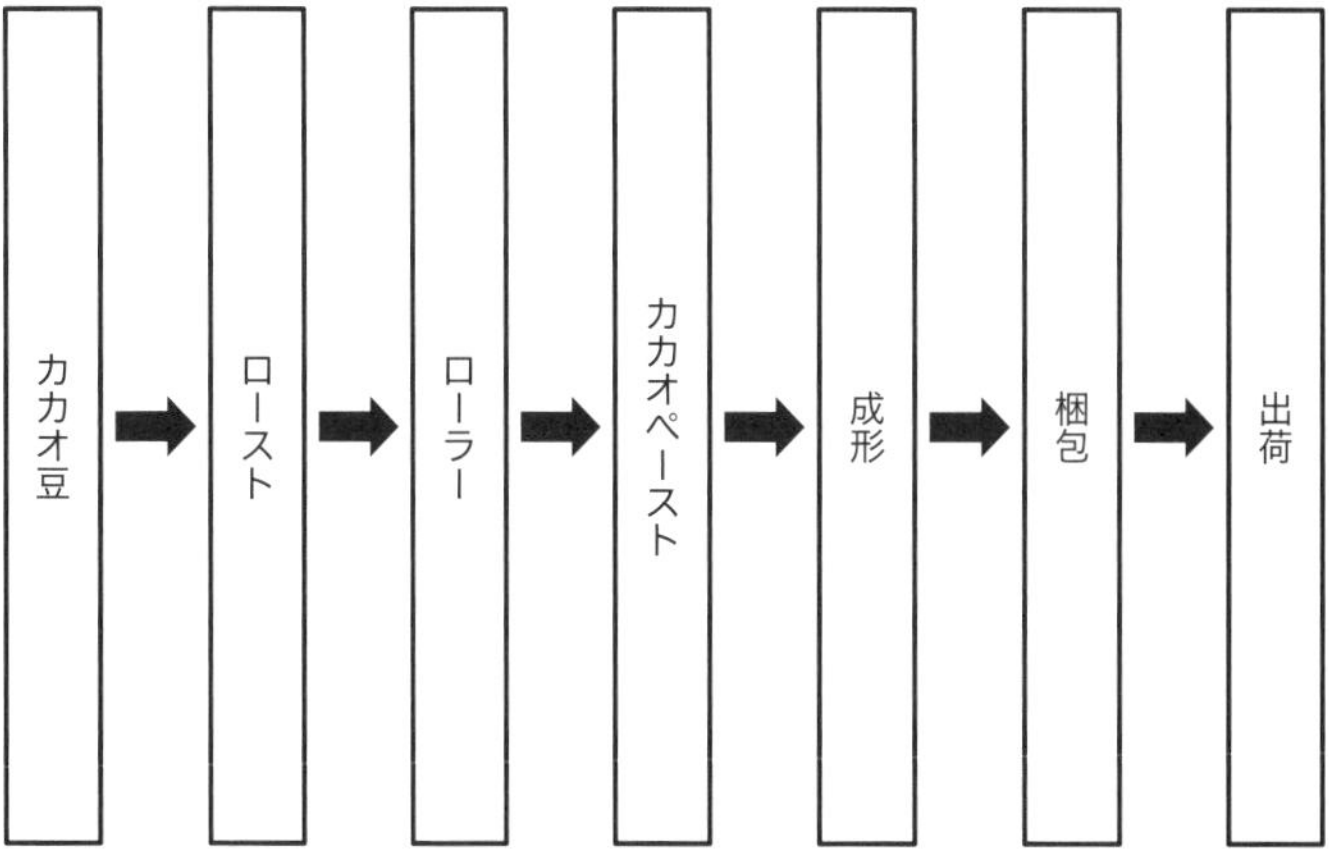

製造工程は大きく3つ。第一工程ではカカオ豆を焙煎機でローストして破砕機で粗く砕き、ローラーにかけてカカオペーストを作る。次の工程で、カカオペーストに砂糖、ココアバター、粉乳などを加えて型に流し込み固め包装する。最終工程で検査をして製品倉庫に保管し、注文があると客先に出荷し、代金を請求して回収する。

「では、清花さん質問だ。価値はどこで作られるだろうか」

多胡の問いに清花は「工場です」と答えた。

「他には？」

「営業所ですか？」

声の弱々しさから、自信のなさがうかがえた。

「他には？」

清花が口籠《くちご》もっていると、浩介が助け船を出した。

「企画、開発、経理などの部門です」

「浩介、どれもコストセンターじゃないのかね。特に経理部は」

と、多胡は真面目な顔で聞いた。

経理部の経営への貢献は浩介が常々考えていることだった。浩介はこんな考えを伝えた。

もし経営者がいなければ、従業員たちはバラバラに活動して収拾がつかなくなってしまう。もし経理部がなければ、企業活動が価値を生んでいるかどうかわからない。赤字の原因も見えてこない。

「経理部がなければ経営者は羅針盤を持たない船長になってしまいます」

会計情報が赤字の原因を可視化するから、経営者は的確に課題をつかめるのだ。

より重要なことは、経理担当者が経営者の参謀となって利益管理を実行することだ。つまり、**経理部は経営情報を経営者や管理者に伝えるだけではなく、彼らとともに原価を改善し、利益を増やし、顧客満足に貢献する一翼を担っている**のだ。

浩介は最後に自信を込めてこう言った。

「そうでなければ、経理部は会社の宿り木と言われても仕方ありません」

「その通り。**経理部こそ経営のセンスが要求される**のだよ。つまり経営参謀なのだ」

多胡は満面に笑みをたたえた。そして、こう続けた。

「沙羅の課題は、どうやってリストラを進めるかだ。言い換えれば、どうやって心臓にメスを入れるかということだ」

多胡は言い終わると腕時計に目をやった。

「こんな時間か。実は、今夜の便でメキシコに出張でね。会えるのは2週間後になる」

多胡はシステム手帳から用紙を一枚外して、万年筆ですらすらとメモを書いた。

1　商品を買ってくれるのは顧客であることを忘れてはならない
2　会社の成果は課題の解決からは生まれない。新たな挑戦によってのみ得られる
3　今日の結果は過去の意思決定がもたらしたもの。常に明日を見よ
4　最も大切な経営資源は人である。だが人の活動の90%が成果を生まない作業に使われていることを意識せよ
5　最後にお金と人は事業活動全体を見ながら、製品、市場、顧客、流通チャネルに割り当てよ

「では2週間後に会おう。そのときには決着はついているはずだ。お土産にアガベ100%のテキーラを買ってくるからお楽しみに」

と言い残して、多胡は足早に店をあとにした。

ルリの友情

大手町のとある高層ビルの最上階。御園雅也は不安に駆られながらエレベーターから降りた。名前を告げると受付の女性は特別室に案内した。

何の前触れもなく住三銀行本社に呼び出されたのだ。

雅也は重厚な革張りの椅子に腰を下ろし、人が来るのを待った。しばらくして若い女性がやってきて、前置きもなしに本題に入った。

「初めまして。実は貴社から提出していただいた決算書について御園社長から直接ご説明をいただきたいと思い、お越し願った次第です」

女性は調査役 恵ルリと書かれた名刺を差し出した。役職はない。女性の立ち振る舞いからして、入社したばかりの新人だろう。雅也は少し安心した。

「先般ご提出いただきました御社の決算書の件でお越しいただきました」

「ご依頼の件ですが、あいにく決算書はすべて三沢に任せておりますので」

雅也は面倒くさそうに答えた。

「それは存じ上げています。その上で御園社長から直接お聞きしたいと思いまして」

雅也の脳裏に決算操作がバレたのではないか、との不安がよぎった。だが、三沢を信じる他はない。彼は利益の魔術師なのだ。バレたりはしない。もしも下手なことを口走れば、命取りになりかねない。ここは、この若い女性調査役を煙に巻いて、早々と逃げることだ。

「申し訳ございませんが、これから大切な商談が控えておりまして」

雅也は席を立とうとした。

「そういうことでしたら時間は取りません。手短にお答えください」

「私は知らないんです。何度も言いますが、経理は三沢に任せているんです」

すると、ルリは雅也を威嚇するかのようにこう言い放った。

「決算書のご説明がなければ、ご融資はいたしかねます」

「冗談でしょう。そもそもあなたにそんな権限があるのですか。融資のことは高田支店長から内諾をもらっているんですよ」

雅也の声は明らかに上ずり、手は小刻みに震えていた。

「その支店長ですが、間もなくここに参ります」

そう言うと、ルリはすっと立ち上がって固定電話の受話器を持ち上げた。

「支店長を」

ものの数分もしないうちに高田支店長が入ってきて、ルリの隣に腰を下ろした。

「高田さん」

雅也は親しげに声をかけた。そして、決算書を作成したのは三沢で自分には関係のないことだと訴えた。

すると、高田支店長はにべもなくこう答えた。

「決算数値は代表取締役社長のあなたの承認なしに確定しません。部下に任せているから中身は知らないでは済みません。申し訳ありませんが、うちの調査役の質問に答えていただけませんか」

心臓がドンドンとドラムのような音を立てて鼓動を打った。

雅也は、感情的になるな、と必死に自分に言い聞かせた。ここで感情に走ってパンドラの箱を開くことだけは避けなくてはならない。徹底して黙秘するのだ。雅也がそう決意したそのときだった。

「御園さんは御社に勤める前の三沢さんのことをご存じないのでしょうか」

ルリが突然聞いた。

「私も御行に在籍していたことがありますので、あの人のことは存じ上げています」

「それは三沢の悪い評判ですか」

ルリは三沢と呼び捨てした。まずい。雅也は無意識に身構えた。

「悪い評判というと……」

「知らないのですか」

この調査官はカマをかけている、と雅也は思った。

やはり、経理操作がバレたのだろう。そう思った途端、雅也の指先が次第に、腕、両足、あごがガタガタと震え出した。

「顔色が優れないようですが」

「いいえ、大丈夫です」

と答えて雅也は大きく深呼吸した。

「そうですか。三沢のことはあとに回すとして、決算書について二、三質問させてください」

「さっきも申し上げたはずです。私は経理は素人ですから」

「先ほど、あなたは当行に籍を置いていたことがあったとおっしゃいましたよね。それならこの決算書の異常な点は一目でおわかりでしょう」

ルリは決算書とこの日のために作成した表をテーブルに置いた。

「こちらが損益計算書です。この半年間の売上高は15億円。前年同期と比べて10億円減少しています。理由は何でしょうか」

「チョコレート部門を切り離したからです」

「そうそう、御社は不採算部門を子会社へ事業譲渡したのでしたね。次に利益ですが、1億円となっています。前期は赤字でしたから大幅に改善したのですね」

「その通りです」

損益計算書に関する質問はこれだけだった。ルリは手帳にメモを取り終えると、話を進めた。

「貸借対照表についても質問させてください」

「いいですとも」

雅也の表情に余裕が出てきた。

「借金が減少したのはなぜでしょうか」

沙羅が引き継いだからに決まっているではないか。こんなことも調べないで、よく調査役を名乗れるものだ。雅也はこの女性担当者を論破するのは容易な気がしてきた。

「先ほどと同じですよ。チョコレート部門の借金を譲渡したからです」

「では、逆に売掛金と在庫が増えているのはなぜでしょうか」

前期末の数字と比べて売掛金は3億円、製品在庫も3億円増えている。

雅也もここまでは気がつかなかった。

「なぜですか？」

ルリがたたみかけた。

雅也にあのときのシーンが蘇った。床に顔を叩きつけて赤字決算は絶対に避けて欲しいと三沢に懇願したときだ。そのあと、高田支店長から融資内定の知らせを受けたことで、思惑通りに事が運んだと思っていた。

だが、そうではないらしい。

「変ですね。私には理由がわかりません……」

しらを切ろうとしたが、体の震えは再び激しくなり、額に大粒の汗が噴き出した。ルリはハンドバッグから真っ白なハンカチを取り出し、これをどうぞ、と言って、雅也に渡した。

そして、「キャッシュフロー計算書」と書かれた資料をテーブルに置いた。

「最初の数字は税金を差し引いたあとの利益です。一番下が営業キャッシュフロー、つまりこの半年で増えた現金です」

雅也はハンカチで汗を拭いながら、数字を追った。それは三沢の企みを見事に浮き彫りにしていた。

税引き後利益は8000万円、儲けである営業キャッシュフローはなんとマイナ

キャッシュフロー計算

（単位：百万円）

税引き後当期利益	80
減価償却費	+120
在庫増	−400
売掛金増	−300
△支払手形減	−10
買掛金増	+10
営業キャッシュフロー	−500

ス5億円となっていた。

「8000万円の利益なのに、逆に現金収支は5億円のマイナスです。なぜ、これだけの差が出ているのかおわかりですか」

雅也は頭を抱えたまま沈黙を続けた。

「私の推測ですが」

と言って、ルリは話し始めた。キャッシュフロー計算書から、この差が製品在庫と売掛金の増加がもたらしたものであることは疑う余地はない。増加した理由は、製品を大量に作り、大量に販売したからなのか。だが、それは考えにくい。そもそも運転資金に事欠いている日本製菓が大量に製品を作れるはずがない。しかも、買掛金はほとんど増加していない。つまり材料仕入れは増えていないということだ。となると、単純に帳簿の数字を変えただけではないか。

「私は帳簿を操作したのではないかと思います。違いますか」

雅也は震えた声でこう言い訳をした。

「そんな重要なことを想像で言って欲しくありませんね。私たちは身体を張って会社を経営しているんです。名誉毀損《きそん》で訴えますよ」

だが、そんな脅しに乗るルリではなかった。

「いいでしょう。製品在庫と売掛金が架空でないことを証明していただければ、融資は実行します」

重苦しい空気が部屋中を覆った。雅也は「わかりました。証明すればいいんですね」と言って椅子から立ち上がった。

そのときだった。部屋にある固定電話の着信音が鳴り響いた。高田支店長が受話器を取り上げ相手の話に聞き入った。

「三沢さんが警察に拘束されたようです」

「何ですって」

雅也が叫んだ。

ついさっきまで会社にいたではないか。

「御園社長。拘束の理由は、粉飾を指南して、会社から報酬を受け取っていたからだそうです」

「そんな。私は知らなかった」

雅也が叫んだ。

「本人は容疑を否定しているそうです」

すると、ルリはすっと立ち上がり、「あとはお任せします」と言い残して、部屋をあとにした。

解説

経理部のミッション

経理部門の仕事は大きく、報告会計、税務会計、資金会計、管理会計に分かれています。多くの企業では、財務会計、税務会計、資金会計が中心で、管理会計がなおざりにされがちです。このような事情から経理部門は何ら価値を生まない「コストセンター」だと考えられています。

しかしながら、私はずっとこの考えを疑問に思っています。

そもそも会計は700年以上前から経営情報として考えられてきました。有名なゲーテの話があります。

「商売をやってゆくのに、広い視野を与えてくれるのは、複式簿記による整理だ。整理されていればいつでも全体が見渡される。細かしいことでまごまごする必要がなくなる。複式簿記が商人にあたえてくれる利益は計り知れないほどだ。人間の精神が生んだ最高の発明の一つだね。立派な経営者は誰でも、経営に複式簿記を取り入れるべきなんだ」（『ヴィルヘルム・マイスターの修行時代』岩波文庫）。

つまり、経営者には会計（複式簿記の知識）が不可欠だということです。なのに、今日の経理マンが経営を知らないのは深刻な事態と言う他ありません。経理部のミッションは、単に決算書類を作成して外部に報告するに留まらず、ビジネスプロセス全体の情報を収集分析して経営者に提供し、経営者とともに付加価値活動に貢献することです。

したがって、経理マンに必要な知識は複式簿記と会計理論だけでは不十分です。経理部門が「プロフィットセンター」として機能するには、他に、経営、業務、情報システムに関する知識と経験が必要なのです。

第9章

チョコレートが
なぜ一粒1000円で
売れるのか

沙羅本社会議室

浩介は再生計画をまとめ上げると、関係者を本社ビルの会議室に集めた。最初にこれまでに固まった2つの戦略についての説明を始めた。

第1の戦略は、**既存事業のリストラを大胆に進め、現金収支の黒字化を実現する**ことだ。最初に実施するのは既存製品の絞り込みだ。すでに作業は進んでいて、板チョコグループはカカオ98%のプレミアムシリーズとブロックチョコシリーズのうち計10品種に絞り込んだ。どちらも高級カカオ豆を使った量産品だ。ポリフェノールの含有率が高い健康志向で、歩留率が高く、ムダが少ないリーダー的製品だ。品種の削減で一部の製造ラインは完全に止まってしまう。そこで、他社からのOEM生産で、僅かでも確実に現金を稼ぐことにした。詰め合わせは人手がかかること、輸入品が大半を占めて為替の影響を受けやすいこと、そして新鮮味に欠けることから全面的に撤退することにした。

第2の戦略は**新規事業の立ち上げ**だ。1つは手作りの高級トリュフ市場への参入だ。商品企画とマーケティングを清花、試作と量産を半田がそれぞれ責任を分担する。種類は年間通して販売する定番品を10種類、季節品を10種類に絞り込み、売れ行きを考慮して四半期に1回、2種類を入れ替えることにした。主な販売拠点は最も流行に敏感な原宿店だ。2つ目は、4店舗ある喫茶店の活用だ。昭和の雰囲気を残すべきとの意見も出たが、すべてをリセットして一からコンセプトを作り上げることとした。

だが、ここで行き詰まった。これらの店舗でどのようなビジネスを行うか、これといったアイデアが出てこないのだ。

そんなとき、周りに気を使いながら手を挙げたのは丸井圭子だった。これまでは正式なプロジェクトメンバーではないため、発言を控えてきた。だが、彼女にはどうしても手がけたいビジネスがあった。それは学生時代にハワイでアルバイトをしたときに出会った、卵料理だ。

「パンケーキで有名な卵料理の店です。オムレツも美味しいんです。もしかして参考になるかと思いまして」

と前置きして、こんな話を始めた。

その店はエッグスン・シングス（ＥＧ）という名の店だった。１９７４年、日系人の夫妻によってワイキキに最初の店をオープンさせた。それから20年後、商標権を引き継いで業容をさらに拡大させたのが日本人の若い女性だった。

「このお店の素晴らしさは、従業員全員に創業者夫婦のカルチャーが受け継がれていることでした」

そのカルチャーとは、「新鮮な食材を使用すること」「手頃な価格で提供し続けること」、そして「すべてのお客様を家族のように迎え入れること」だ。スタッフ全員が創業者を尊敬していて、誇りを持って働いていた。

「そんなお店ができたら素敵だな、と思って……」

すると浩介が口を開いた。

「喫茶店を改装して、コーヒーとオムレツとパンケーキの店にしたらどうでしょうか」

沙羅の喫茶店はすべての店舗が道路に面した路面店だ。暖かい季節にはヨーロッパのカフェのように屋外で食事ができるようにしたら、若い女の子に受けるのではないか。

「丸井さん。やってみませんか」

「ぜひやりたいと思います。でも、経理の仕事と兼務は厳しいと思います」

「君の仕事は私がなんとかするよ」

と助け船を出したのは上司の高橋だった。これで、丸井圭子はプロジェクトの最前線に立つことが決まった。

「それより急務なのは資金繰りです」

高橋は毎日が綱渡り状態だと言いこう続けた。

「これまでに5人ほど希望退職に申し出がありました。それと営業倉庫も解約したことで、毎月の支払いは減っています。でも、それ以上に売上が減っているんです。いつ資金がショートしてもおかしくない状態です」

そのときだった。携帯の受信音が鳴り響いた。高橋は携帯を手に取り、神妙な顔で短く言葉を交した。そして「銀行からです」と言って浩介に渡した。

不吉な予感が的中したのだ。明後日にも最初の不渡りが出るかもしれないと、高田支店長は事務的に伝えた。その事務連絡のような話し方に浩介は緊張した。沙羅は首の皮一枚でつながっている状態なのだ。

翌日。倒産の噂が社内を駆け巡り、その日だけで退職する者が10名を超えた。悪い噂は一瞬にして広がるものだ。日本製菓の入り口付近には人相の悪い男たちが見え隠れし始めた。

梁山泊

沙友里が、生活費として取っておいた最後の銀行預金を取り崩したことでどうにか1回目の不渡りは免れた。先が見通せない不安の中で、プロジェクトメンバーたちは自らの役割に没頭していた。

清花と圭子は新規事業であるパンケーキ店の内装とメニューの作成、半田は高級トリュフの試作だ。

そして高橋と浩介は金策に駆け回った。

メンバーたちは残された時間を忘れたかのように懸命に働いた。だが、不思議なことに悲壮感はなかった。そんなとき、小料理屋のみゆきから浩介に電話がかかってきた。

浩介はすぐさまタクシーを拾い、高橋と清花を伴って六本木を目指した。

六本木の小料理屋の引き戸を開けると、そこにはみゆきともう一人若い女性が座っていた。その女性は浩介に「久しぶり」と声をかけた。

恵ルリだった。ビジネススクールの同期だった彼女がなぜここにいるのか、浩介は狐につままれた思いがした。

「どうしてここに？」

「その言い方はないでしょ。あなたを助けてあげようと思ったからよ」

いつもながら可愛くない女だ、と浩介は思った。だが、この憎たらしさがルリの魅力でもあるのだ。

「もう1人女性が来ます。そうしたら梁山泊ね」

女性3人と男性2人で梁山泊とは大袈裟な。浩介に笑いが込み上げた。

とはいえ、ルリはまごうことなき野心家だ。何か特別なことを考えているに違いない。

それからまもなくして若い女性が合流した。浩介の妹の沙友里だった。

沙友里が席に腰を下ろすのを待って、ルリはたったいま入ったニュースを話し始めた。

「残念ながら明後日、沙羅が発行した小切手が二度目の不渡りとなります」

つまり、沙羅は倒産するということだ。そのあとに待っているのは、従業員全員の失業と沙友里の破産だ。

「でも、一縷《いちる》の望みが残っていることを伝えたくて、こうして集まっていただきました」

ルリは力強く言った。

「どうして君たちがここにいるんだ。しかも、沙羅が倒産することも知っている。なぜなんだ」

浩介は不思議でならなかった。

「わかったわ。最初からお話ししましょう」

ルリはこれまでの経緯を話し始めた。

ビジネススクールを修了したあと、浩介を追いかけるようにして住三銀行の調査部に就職した。そこで調査資料を読み漁っていると、不可解な事件に目が留まった。

それは、住三銀行の行員でありながら得意先に不正経理を指導し、なんと住三銀行から融資を引き出す手伝いをして、成功報酬を受け取っていた。容疑者の名前は三沢健次郎。本来なら刑事事件で起訴されるのだが、銀行の信用を汚したくないという頭取の意向で闇に葬られた。だが、三沢の再就職先が浩介と同じ日本製菓だったことから、ルリはより深くこの事件を掘り下げようと考えた。

ルリは日本製菓の名前をはっきりと覚えていた。ビジネススクールでのライバルで、親友でもあった浩介が、わざわざ超一流のコンサルティング会社を蹴って就職した会社だ。住三銀行文京支店に問い合わせたところ、浩介は沙羅という子会社に在籍しているとの情報を得た。ルリは浩介から以前話に聞いていた母違いの妹である沙友里に連絡を取り、これまでの事情を聞き出したのだった。

「沙友里さんは三沢の罠にはまったのだと直感しました。あなたがそばにいたのに」と言って、浩介に視線を向けた。

「どうやってこの店を見つけたんだ」

浩介は不思議でならなかった。

「沙友里さんから多胡先生の話を聞いたから。あなたはいつも先生のこと話していたわよね。だから日本に帰ったらきっと先生と連絡を取るはず。多胡先生は有名な方ですからメールアドレスはすぐにわかったの。それでみゆきさんを紹介してもらって、みなさんにこのお店に集まってもらったわけ」

そういうことだったのか、と浩介は思った。だが、もう一つ疑問がある。なぜルリは自分だけでなく沙友里にも声をかけたのだろうか。

三沢の過去

ルリは、沙羅の件に関与した動機を話し始めた。

「三沢の入れ知恵がすべての元凶だったのです。このことを知った以上、同じ銀行に籍を置く者として許すことはできません」

たしかに三沢が黒幕なのは薄々わかっていた。だが、彼は実際に何をしてきたのか。

「みなさんは、三沢は雅也社長のたっての頼みで住三銀行からヘッドハントされた、とお思いですか。もしそうだとしたら、まったくの誤解です。彼は、雅也社長が声をかけたとき、すでに銀行を解雇されていたのです」

ざわめきが起きた。とりわけ衝撃を受けたのは沙友里だった。夫の雅也が最も信頼している住三銀行切ってのやり手コンサルタントと聞いていた。だが、雅也が声をかけたときは、三沢は銀行には在籍していなかったのだ。

「三沢は銀行では、融資先に経営指導する立場でした。懲戒解雇となった理由は、融資先の決算操作に荷担して、銀行から融資を引き出す手助けをしていたからです。事が事だけに表向きは自己都合退職と処理されて迷宮入りとなりました。その三沢が日本製菓の専務取締役になっていました」

突然、高橋が唇を震わせながら口を開いた。

「どうりで。決算操作をするには私が邪魔だったんだ」

「そうでしょうね。ここからは私の想像ですが」

と、前置きしてルリは話を続けた。

「赤字のチョコレート部門を分離して、しかも借金を沙羅に押しつけたのも、部門共通費全額をチョコレートの在庫金額に含めたのも、三沢の策略だったと思います。でも、1つだけミスがありました」

「それって、部門別の業績を読み間違えていたこと?」

と口を挟んだのは浩介だった。

「さすがね。共通固定費を売上高基準ですべての部門に配賦していたため、売上の多いチョコレート部門は赤字だと思い込んでいました。共通固定費の多くは役員報酬、情報システム費、経理部や総務部の費用、自動倉庫のリース料、購買部の費用などです。このうち、ほぼ支払いを終えていた自動倉庫のリース料以外は、チョコレート部門が分離されてもそのまま日本製菓に残る費用です。ですから、事業譲渡のあと、日本製菓の固定費負担は逆に重くなり、資金繰りは急に悪化したわけです」

「つまりチョコレート部門が負担すべき共通費はほとんどなかったってことですか?」

清花が身を乗り出して聞いた。

「その通りです。つまりチョコレート部門は黒字だったのです」

ルリのこの一言が場の緊張を解き放した。

だがルリは厳しい表情を保ったまま話を続けた。

「埼玉工場に関わる借入金を沙羅に押しつけたとはいえ、日本製菓は多額の借金を抱えています。しかも赤字がかさみ運転資金が回っていない状態です。そこで沙友里さんの保証で住三銀行から融資を受けようとしたのですが、やめました。なぜかって？　男のプライドでしょうか」

ここまで話すとルリは話を止め、一息ついて話を続けた。

「沙友里さんに銀行保証は頼まないと決めた雅也社長は、三沢に粉飾決算を指示しました。そして融資の申し込みをしたのです。でもその手口は稚拙《ちせつ》なものでした。彼ほど会計に精通している人が、なぜあれほど簡単に見破れる粉飾をしたのか。おそらく、時間がなかったからでしょう。いや、もしかして、雅也社長に愛想を尽かした三沢のプライドが、わざと見つけやすくしたのかもしれません」

「どんな手口だったのですか」

身を乗り出して聞いたのは清花だった。

「そうそうまだお話ししてませんでしたね。架空注文書と架空の請求書で売上を捏《ねっ》造《ぞう》したんです。でも、簡単に見破れました。なぜなら、売上当日に、該当する製品の出荷がなかったからです。念のために得意先に問い合わせたところ、そうした仕入れはないことがわかりました」

もう1つの製品在庫はどのようにして捏造したのだろうか。清花の質問にルリはあっさり答えた。

「こちらも製品在庫金額を水増ししただけでした」

話し終えると、ルリは寂しげな表情を浮かべた。企業の側に立つべき銀行員でありながら、なぜ不正を働いたのか。決算数字を偽っても、融資を引き出すことが顧客のためになるとでも思っていたのだろうか。

「実は昨日、三沢さんと会って、なぜ不正経理の指南に手を染めたのかと聞きました。彼はこう答えました。銀行は資金が必要な会社ほど厳しく当たり、業績が順風な会社には簡単に融資する。嘘をついて会計の数字に少し手を加えるだけで銀行の対応がガラリと変わる。不正経理でも、資金がつながることで、倒産を回避できる会社もある。だから自分がしたことは意味がある、と言うのです」

「その気持ちもわかる気がします。親が寝たきりでも、一日も長く生きていて欲しいと願う子どもの気持ちと同じじゃないでしょうか。本当は三沢はやさしい人なのかもしれません」

と、沙友里が呟いた。だが、ルリは毅然として否定した。

「どんな事情があっても不正は認めるべきではありません。私の考えを言わせてもらえば、もっと責められるべきは雅也社長です。本来は社長になってはいけない人だったんです。ですから、私は融資を断るべきだと銀行の上司に伝えました」

「日本製菓は倒産ですか？」

沙友里が不安そうに聞いた。

「あなたのお父さんの会社がなくなるのは残念ですが……」

「会社はいいんです。心配なのは夫です……」

「ご主人ですか？　失礼を承知でお聞きしますが、お二人はすでに別居状態なのでは？」

すると沙友里は寂しそうな表情を浮かべて頷いた。

「親が決めた人ですから、恋心など一度も感じたことはなかった。でも、あの人の生き方を見ていると不憫《ふびん》でならないんです」

なんてお人好しなんだろう、とルリは思った。

すると、浩介が口を開いた。

「そんなセンチメンタルな話はやめましょう。うちの会社も明後日までに資金が用意できなければ、それこそ地獄を見ることになります。ルリさん、腹案を聞かせてくれませんか」

ルリの腹案

「そうでしたね。一時的に資金を確保できても、説得力ある事業計画がなければ、お金は瞬く間に消えてなくなってしまいます。残念ですが、今日お聞きした内容ではまったく不十分です」

「でも、たとえ事業計画に満足してくれたとしても、住三銀行は融資に応じないんだよね。他に、借入の肩代わりをしてくれる金融機関はあるの？」

浩介がため息交じりに言った。

「そこがポイントね。ビジネススクールで一緒だったマイク・ルービンを覚えている？　あの人のお父さんは金融投資で成功したビリオネア。いまは父親の会社の経営を任されて投資案件を探しているそうよ。彼にあなたのことを話したら、いまちょうど日本に滞在しているので一度浩介に会ってみたいと言ってくれたわ」

融資ではなく投資というのだ。つまり、金利だけではなく、もっと大きな見返りがあればお金を出す、というのだ。

「マイクか。そう言ってくれて嬉しいよ」

浩介は暗闇の中で一筋の光を見つけた思いがした。

「投資の条件はただ1つ。沙羅が確実に儲かる体質の会社になれるか、ということです。既存の事業では弱過ぎる。何かインパクトのある新規事業を前面に出さないとね。どうかしら浩介」

そう言って、ルリは返事を待った。

「明日朝まで待ってくれないか。事業計画を完成させるから」

できれば2、3日と言いたいところだが、時間はない。

「いいわ。午前7時。みゆきさん、早朝ですけどお店をお借りできますか」

「もちろん構いません。明日でしたら、多胡先生も参加できるはずですから」

「もう、お帰りになっているんですか」

「直行便で15時間のフライトだったそうですよ。いまは近くのホテルにお泊まりになっています」

浩介は俄然やる気が湧いてきた。そのまま八重洲の事務所に戻ると、ただちにプレゼン資料の作成に取りかかった。

最後のプレゼン

さすが六本木だ。早朝6時だというのに、レストラン、寿司屋、そして飲み屋まで開いている。浩介たちは、いつものように交差点を渡り小料理屋を目指した。浩介たちは1～2時間の仮眠を取っただけだか、眠気を訴える者はいなかった。

徹夜で事業計画を練り上げる過程でさまざまな意見が飛び出した。それらを幾度も調整するにしたがい、全員の意思が次第に収斂《しゅうれん》していった。そしていま、4人は同じ思いで報告会に挑もうとしている。

定刻の5分前、ルリが長身の白人を連れて到着した。投資家のマイク・ルービンだった。浩介は久しぶりに会うマイクと言葉を交わした。

「君のプレゼンに期待している」

あくまでもビジネスとして判断する、という意味だ。

まもなくして多胡が合流した。十分な睡眠を取ったのだろう。血色も良く元気そのものだった。

狭い小料理屋に9名が肩を寄せ合うように着席する光景は、どこかコミカルでもあった。準備が整うと、浩介はプレゼンを始めた。

「おはようございます。マイク、多胡先生、ルリさん、みゆきさん。これから私たちの思いをお話しします」

平静を装っているが、浩介は不安に駆られていた。小切手の決済まで残された時間は僅かだ。その前にマイクに投資の決断をしてもらわなくてはならない。浩介は大きく深呼吸して用意した最初の言葉を口にした。

「私たちは、沙羅の使命を『お客様の大切な思い出となるチョコレートをお届けすること』と考えています」

浩介は自らの思い出を語り始めた。遠足で食べたチョコレートが疲れを癒やしてくれたこと、大好きな友達と一枚の高級チョコを分け合ったこと、好きな人から手作りのチョコレートを贈られたこと、ケガで入院したときに母からもらったミルクチョコレートの味。そして、父親がそっと渡してくれた試作品のウィスキーボンボンで知った大人の味。これらのすべてが、忘れがたい思い出となっている。

「チョコレートがもたらす満足とは、こういうことだと気づきました」と浩介は言った。

思い出に残るチョコレートであるためには、質のいい上等な味でなくてはならない。粗悪な素材を使い、製造過程で手を抜いた製品は顧客に対する裏切りでもある。素材が良くても、生産性が悪く、ムダなコストまでも顧客に負担させることがあってはならない。ムダが入り込めばそれだけ顧客に提供するはずの価値が減ってしまうからだ。

「だからムダを徹底的に排除したチョコレート作りが重要なんです」

浩介はムダの排除について、埼玉工場の板チョコの例を挙げた。

当工場の自動化ラインは2つの課題を抱えている。1つは歩留率の悪さ、もう1つは稼働率の低さだ。歩留率が悪ければ製品原価は高くなる。同様に稼働率が低くても製品原価は高くなる。このことが、チョコレートの採算と品質の足を引っ張っている。歩留率の悪さの原因は、機械そのもののメンテナンスを怠ったり、材料の配合ミスがあとを絶たなかったり、製品種類が多過ぎて段取り替えによるムダが多発するからだ。これらのすべてが工場管理者によって引き起こされている。結果として、チョコレート工程は計画した半分の生産量しか達成できず、稼働率は50%を切っている。

それでも全体の10%程度を占めるカカオ98%の「プレミアムブラック」シリーズと、料理用の「ブロックチョコレート」シリーズの販売は好調だった。まさしく「今日の稼ぎ頭」だ。これらの製品と「明日の稼ぎ頭」、そして「シンデレラ」に分類した製品を残して、あとはばっさりと生産中止することにした、と伝えた。

すると間髪入れずにルリがこう質問した。

「でも、いまあなたが言ったことは、これまでのずさんな経営を正常な状態に戻すだけに過ぎないと言えないかしら」

ルリの質問に対し、浩介は答えを用意していた。

「その通りです。リストラと同時に新規事業を立ち上げるつもりです」

浩介は丁寧語で答えると、続けて新規事業案を2つ挙げた。

「1つは超高級トリュフの製造販売、そして、もう1つが喫茶店のパンケーキ店への転換です」


「どうぞお手元のトリュフを召し上がってください」

浩介は予め用意されたトリュフをマイクとルリに勧めた。絹のようになめらかな舌触りと、洗練されたカカオの上品な香りが二人を刺激した。それは半田の執念が生んだ傑作だった。

「素晴らしい。忘れられない味だ」

マイクは思わず感想を口にした。それは浩介が言う「記憶に残る味」を実現したものだった。

「ところで価格はいくらにするつもりなの？」

ルリの質問に浩介は迷わずこう答えた。

「一粒1000円。それでも客は満足してくれる自信があります」

ルリとマイクは黙ったまま頷いた。

浩介はプレゼンを続けた。

「もう1つはパンケーキ店です」

現在、沙羅が保有する喫茶店は、レトロな雰囲気とサイフォンで入れたコーヒーを飲ませる店を売りにしている。単価は高く取れるが、客の回転が悪く、やっと潰れずに営業している状態の店だ。4軒の喫茶店をパンケーキ店に改装すれば、資金も立ち上げまでの時間も節約できる。

するとマイクが口を開いた。

「ハワイにも同様な店がいくつかあるし、東京でもでき始めていると聞いている。もちろん真似しようと考えているのではないだろうね」

やさしい物言いだったが、言っていることは厳しかった。人真似ビジネスでは、会社のエンジンにはなれない、とマイクは言うのだ。

だが、この問いに対する答えも用意していた。

「提供するのは和風のスイーツで、アメリカのパンケーキではありません。たとえば小倉や抹茶を使ったパンケーキも用意しています」

「小豆パンケーキね。私も食べたくなったわ」

ルリの目が輝いた。


するとそれまでじっと耳を傾けていた多胡が口を開いた。

「君たちの話はわかった。だが、世の中は厳しい。いくら君たちが計画を練り上げても、経験したことがない事業を成功させるのは簡単ではない」

「先生は、うまく行かないとお思いですか」

浩介は多胡の本心が気になった。

「自己流ならば間違いなく失敗するね。君たちは一流のメンターに弟子入りする必要がある」

「師匠ですか」

「そうだ。実はメキシコシティでカカオ豆の卸をしている友人がいてね。出張の際に立ち寄ったんだ。聞けば、メキシコはカカオ豆の原産地らしい。他にも、ボリビアやペルーから良いカカオ豆が集まってくるそうだ。いま思ったのだが、一度半田君を彼の店とカカオ農園に行かせて、素材から勉強してもらうのはどうかな。むろん、融資が下りてからの話だが」

次に、多胡は丸井圭子に向かって言った。

「同じことはパンケーキについても言える。やはり本場のハワイで腰を据えて食材の選び方から学ぶ必要がある。和風への応用はそれからだ。実はボクの教え子がハワイでパンケーキの店を経営しているんだ。そこで半年ほど働いてみたらどうだね」

とはいえ、どちらも沙羅の事業が継続するという前提の上での話だ。そして、その運命はマイクに委ねられている。


「マイク」

と声をかけたのはルリだった。

「いまの浩介の説明に納得した？」

マイクは質問には答えなかった。代わりに、浩介に対してこんな質問をした。

「マッキンゼーを蹴って日本製菓に就職したことを後悔しているか、聞かせてくれないか」

戸惑いを見せた浩介に、マイクは容赦ない質問を浴びせた。

「人生で最も重要な意思決定で、君は判断ミスをした。少なくとも、ビジネススクールの同期はそう思っている。いまの君は幸せなのか。正直に教えて欲しい」

マイクの目は間違いなく世界を相手にする厳しいビジネスマンの目だった。

「良かったと思っている」

浩介は短い言葉で答えた。

「ボクにはわからない。そんなちっぽけな会社で、しかも君は最初から罠にはめられたんだ」

「そうではないよ、マイク」

浩介はマイクこそ目を見開くべきだと言った。ビジネススクールではいろんな技法やケースを学んだ。良いことも悪いことも、人は同じことを繰り返す。だから、先達の経験を学べば、現実の課題に直面した際に役に立つと思っていた。

だが、現実は違う。**理論やケースの後ろには人の複雑な思いが隠れている。そこに触れずに課題を解決することはできない。**

浩介は、沙羅で働くことで、理論とは対極にある情緒の大切さに気づいたのだ。さらに言うならば、そうした中で初めて理論の真の意味が理解できるのだ。それこそ多胡がいつも言う「**経験しないことは理解できない**」の意味だ。

浩介は自分の思いを伝えた。だが、マイクからはこんな質問が返ってきた。

「君の言うことは正しいかもしれないね。だからといって投資する気になったわけじゃない。もう1つ別の質問をさせてもらおう。君はムダを省くことが大切だと言ったね。だけど、経理担当がいくらムダを省いて素早く決算資料をまとめたところで、それが付加価値という成果につながるわけではない。聞くところによると君の会社は毎月のように新製品を企画していたらしいね。おそらくノルマが課せられていたのだろう。企画という仕事にムダはなかったか？　マーケティングも同じだ。展示会、市場調査、広告宣伝、と毎年ほぼ同じ作業を効率良く繰り返しても成果は出なかった。つまり、ムダを取り、作業の生産性を高めることが利益という成果に結びつくわけではないことの証しじゃないかな。この現実を君はどのように考えているんだね」

マイクの問いかけこそ、浩介がずっと考え続けていたことだった。浩介は自信を持って答えた。

「君が指摘したように、作業の生産性を上げれば利益がついてくると考えるのは間違っている。第1に、**僕らの仕事は専門的な知識を出し合うことで顧客の思い出に残るチョコレートを提供する知識労働**だ。そして第2に、**知識労働で問われるのは質**なんだ。君が挙げた例は知識労働を肉体労働と勘違いしたことによるパラドックスなんだ」

ルリが多胡に「先生はどのようにお考えですか」と尋ねると、多胡は「マイク君の判断を待とう」と答えた。

マイクは少し間を置いて、こう答えた。

「とりあえず3カ月分の運転資金と投資資金を振り込んでおこう。そのあとのことは、実績を見て判断する。浩介、これでいいかい」

それまでの張り詰めた空気が一気に和らいだ。とりあえず沙友里は破産を免れ、従業員100人の家族が路頭に迷う最悪の事態は回避された。

「マイク、ありがとう。3カ月後を期待してくれ」

浩介にベイカー・スカラーとしてのプライドが蘇った。

エピローグ

3カ月分の運転資金が、その日のうちにマイクから振り込まれた。その手際良さから、おそらくマイクとルリは事前に連絡を取り合っていたのだろうと、浩介は想像した。

さて、そのあとのことだ。半田はさっそくメキシコに飛び、日本ではなかなか手に入らないレアもののカカオ豆を仕入れてきた。日本に戻ると、トリュフの試作を重ねて原宿店で販売を始めた。一粒1000円だというのに飛ぶように売れた。この大ヒットがすべての従業員の励みとなったのは言うまでもない。

清花も負けてはいなかった。2カ所の喫茶店を、和風の卵料理店に模様替えしたのだ。あえてパンケーキの店としなかったのは、清花と圭子が描いた戦略でもあった。二人の考えはシンプルでありながら最高の卵料理の提供だ。日本中で売られる卵は生で食べられる。海外ではあり得ないことだ。二人は直接農家から買いつけた新鮮な卵だけを使った和風料理を提供することにした。生卵かけご飯、厚焼きオムレツ、卵スープだ。開店間もないというのにインスタグラムで評判となって、成田から直行する外国人客でごった返している。

残りの2店舗は本場アメリカの上をいくパンケーキの店を目指している。ここの責任者は丸井圭子だ。ハワイで修行期間を切り上げて先週帰国した。店の改装はすでに終わり、来月のオープンを待つばかりだ。

年長者の高橋は店舗の売上高や製品の在庫状況をつかむ情報システムの構築を進めている。売れ残り品を防ぐだけでなく、売り損じを回避するためにもリアルタイムの在庫情報は欠かせない。そろばんをパソコンに変えた高橋の取り組みが、若手の刺激になったことは言うまでもない。いまでは高橋を避ける社員はいない。

そして、沙友里は自ら志願して、従業員に混じって店舗で販売員として働いている。言葉数の少なかった沙友里は見違えるように明るくなった。

こうして3カ月が過ぎ、マイクとの約束の日を迎えた。

場所は、いつものみゆきの店「みゆう」だった。その日集まったのは、浩介、ルリ、マイクそして多胡の4名だった。

浩介は用意した決算書をマイクに渡した。だが、マイクは受け取った決算書を見ることもなく、そのままテーブルにおいて話し始めた。

「君の店や工場を見せてもらった。決算書を見るまでもないよ。君たちの会社にどんどん投資したい。近い将来株式を公開してボクを儲けさせてくれないか」

それは浩介の予想を遙かに超えた提案だった。

「ありがとう。恩に着るよ」

浩介が手を差し伸べると、マイクはグローブのような大きい手で浩介の右手を握り返した。

「これで安心、一件落着ですね」

みゆきはこう言うと、ワインセラーから用意したシャンペンを取り出した。それは黄金色のエチケットと透き通ったボトルの華麗なシャンペンだった。

「ルイ・ロデレール・クリスタルです」

ドンペリを凌《しの》ぐ最高級シャンパンだ。みゆきは親指で栓をしっかり抑えナプキンで覆った。そして、慎重に針金を緩《ゆる》めた。するとコルクの栓がポーンと音を立て、瓶の口から無数の泡が溢れた。みゆきは一人ひとりのグラスにシャンペンを注いだ。

「では、乾杯!」

多胡はグラスを目の高さに持ち上げると軽く会釈をして、グラスを口元に近づけた。

笑いが宴席を包んだ。しばらくして、ルリはアルコールの力を借りて、浩介にこんなことを聞いた。

「どうしても納得できないんだけど、なぜあなたは日本に戻ったの。沙友里さんのため?　それに、お母様のことを話そうとしない。なぜなの」

「それは……」

浩介は出かかった言葉を飲み込んだ。日本に戻るのはプライベートなことだから、他人に話すことはない、と自分に言い続けてきた。だが、いまはこの理由を口にすることで、脳裏から離れることがなかったこだわりから解放されるのではないかとも思えてきた。やはり話すべきだろう。

「母を捨てた親父のことは憎んでいた。兄妹といえ、沙友里も遠ざけていたんだ。あの手紙を受け取るまでは」

アメリカの大学で学んでいたとき、浩介に一通の手紙が届いた。それは父親からの手紙だった。余命幾ばくもないとき、最後の力を振り絞って書き上げたものであることは、その弱々しい文字から容易にわかった。

浩介はその手紙をスーツの内ポケットから取り出した。

「いつも持ち歩いているんだ。憎んでいた親父が急に愛おしくなってね。この手紙で僕の気持ちは変わった」

と言って、浩介はその手紙を声を上げて読み始めた。

「浩介。この手紙は私自身の気持ちを整理するために書いたものだ。読みたくなければ燃やしてもらっていい。

私はあと何日生きられるのだろう。そんな不安な日々が続いている。だから、誰にも言ったことのない私の気持ちをここに書いておく。

まず謝りたいのは、おまえのお母さん、真梨子とのことだ。私が愛した女性は真梨子しかいない。だが、御園家の入り婿になる道を選んだ。結婚は親が決めるもので恋愛とは別だ、それに結婚すれば将来は安泰だ、と言われ続け、受け入れてしまった。

情けないことに、私は真梨子を捨てた。結婚を決めたとき、真梨子のお腹にはおまえがいた。当時は女性が一人で子どもを育てるのは難しい時代だった。それで私との関係を隠して、会社で働いてもらうことにしたのだ。これも私の身勝手だった。

娘の沙友里におまえのことを話したのは、真梨子が他界したときだった。沙友里は血のつながった兄がいることを知って、たいそう喜んだものだ。会いたいと言ったが、私はそんな沙友里の気持ちを無視し続けた。

そして、私は二度目の間違いを犯してしまった。会社と御園家を守るために、沙友里に見合い結婚を強要したのだ。相手は雅也君と言って、東大出のエリート銀行マンだ。学歴のない私には夢のような話だったよ。だが、結婚して3カ月も経たないうちに、雅也君の経営者としての限界と本性が見えてきた。

最近、病院のベッドに横たわりながら、毎日のように『もし浩介がこの会社を継いでくれていたら』と思っている。弱気になった老人の戯言《たわごと》に過ぎないと思うだろう。

ただ、一つだけお願いしたいことがある。もしも、沙友里から連絡が入ったら、相談に乗って欲しい。一言でいい。励ましてやって欲しいんだ。

なんて身勝手な親だと思っているだろうね。おまえの母親が他界したときも、私は顔を見せなかったのだから。だが、私はおまえのことを心の底から誇りに思っている。そして、真梨子と出会ったことが人生最高の幸せだったとも。　泰三」

「なんてことなの。私はあなたの気持ちを知ろうともしなかった」

ルリはハンカチで目頭を押さえた。

「つまり、お父さんとのコミットメント（約束）だったわけだ」

多胡の言葉に、浩介は小さく頷いた。

「ところでこれからのことだが、どうするんだね」

多胡はなにより浩介の将来が心配だった。

「今後はチームのメンバーに任せて、アメリカで働こうと思っています」

「いい考えだ。それに沙羅での経験は必ず生きる。で、沙友里さんは？」

「元気よく働いていきます。思い出に残る商品を作って父親の遺志を継ぎたいと言っていました」

「思い出に残る商品作りか。なによりだ。それで雅也君は？」

「和歌山の禅寺にいます。これからの人生を考えたいと……」

「沙友里さんとは別れたと思ってたよ」

多胡は人ごとのように言った。

「いいえ。沙友里は雅也さんとやり直す道を選んだようです。彼女は破産覚悟で全財産を使って父の会社を守りました。つまり雅也さんからも、会社からも決して逃げなかったんです。僕が折れそうになったとき、彼女の固い信念にどれだけ励まされたことか」

浩介は妹への思いを吐露《とろ》した。

「いい妹を持ったね。それとかけがえのない仲間たちも。ともあれ、久しぶりに楽しい毎日だった。みゆきさん、この店で一番高いワインを開けてくれないか」

みゆきはセラーから赤ワインを取り出して多胡の目の前に置いた。

「ロマネ・コンティ」

世界で最も高価なワインだ。

「大丈夫ですか、先生」

ルリの心配をよそに、多胡はこう言った。

「浩介。まだ君からレクチャー料をもらっていなかったね。代金はそこから支払っておきなさい」

多胡はロマネ・コンティを自分のグラスにたっぷり注ぐと、美味しそうにゴクリと飲み干した。

（完）

【著者】

林總（はやし・あつむ）

公認会計士、税理士、LEC会計大学院客員教授、元明治大学専門職大学院特任教授（原価計算、戦略管理会計、経営分析、管理会計事例研究）
1974年中央大学商学部会計学科卒業。外資系会計事務所、監査法人勤務を経て1987年に独立。以後35年にわたり国内外200社以上の企業に対して経営コンサルティングを行うとともに、執筆、講演を行い、大学院では成果をもたらす管理会計を教えている。管理会計本としては異例のベストセラーとなった『餃子屋と高級フレンチでは、どちらが儲かるか？』（ダイヤモンド社）をはじめ、『ドラッカーと会計の話をしよう』（KADOKAWA）、『正しい家計管理』（すみれ書房）、『原価計算の基本』（日本実業出版社）、『経営分析の基本』（日本実業出版社）など累計115万部を超える。

チョコレートがなぜ一粒1000円で売れるのか

2024年3月19日　初版発行

著　者　林總
発行者　野村直克
発行所　総合法令出版株式会社
〒103-0001 東京都中央区日本橋小伝馬町15-18
EDGE小伝馬町ビル9階
電話　03-5623-5121
印刷・製本　中央精版印刷株式会社

ISBN 978-4-86280-939-1
総合法令出版ホームページ　http://www.horei.com/